사실, 괜찮아지는 법을
알고 있습니다

사실,
괜찮아지는 법을
알고 있습니다

구사나기 류슌 지음
서가영 옮김

팬덤북스

마음이 마음대로 되지 않나요?

당신에게 '잡념을 없애서 머릿속을 맑게 하는 방법'을 소개하고 싶습니다. 사실 사람마다 가진 잡념의 내용은 모두 제각각입니다.

"집중력이 떨어져서 회사 일이나 집안일이 도무지 손에 잡히지 않아요."

"결정해야 할 일이 있는데 생각을 정리할 수 없어요."

"항상 답답한 느낌이 들어서 기분이 좋지 않아요."

위와 같은 상황이 발생하는 원인은 다양합니다. 직장이나 학교, 가정에서 인간관계로 인해 고민하거나, 피로와 스트레스가 쌓여서 그럴 수 있지요. 자주 불안해하고 긴장하거나, 생각을 너무 깊게 하는 성격이거나, 집중력이 떨어져서 그럴 수도 있습니다.

무슨 이유로든 의욕이 없어지고 안정되지 않거나, 지나간 일들을 잊지 못하는 막연한 상태를 마음에 잡념이 있다고 합니다. 이 책은 성가신 잡념을 구름을 걷어 내듯 싹 지워 버리고 눈앞에 있는 중요한 일에 정면으로 맞서는 방법을 설명합니다. 과연 가능할지 의구심을 갖는 분도 계시겠지요. 이 책에서 소개하는 '잡념 해소법'을 활용하면 반드시 머릿속에서 잡념을 지울 수 있습니다. 만약 머릿속에 끊임없이 떠오르는 잡념을 줄이고 싶다면 이 책을 끝까지 읽기 바랍니다. 그리고 꼭 실천해 보세요. 기대하는 효과가 확실하게 나타날 테니까요.

제 이름은 구사나기 류슌입니다. 승려이지요. 승려라고 하면 머리를 깎고 절에서 머물며 불경을 읽는 사람이라는 이미지가 가장 먼저 떠오를 겁니다. 하지만 저는 어떤 절이나 종파에도 속해 있지 않습니다. 출가를 해외에서 했기 때문이지요. 어쩌다 보니 인도로 건너가 스님이 됐을 때가 30대 중반이었습니다. 이후 미얀마와 태국으로 유학을 가서 현지 대학과 승원에서 학문을 배우고 수행을 쌓았습니다. 지금은 일본에서 강연과 연수를 다니거나 개인 도량에서 붓다의 가르침을 전하고 있습니다. 이른바 프리랜서 승려인 셈입니다.

어느 날 '잡념을 해소하는 방법을 알려 달라'고 상담을 하러 온 사람이 있었습니다. 저는 상담에 참고할 만한 책을 찾아보려고 서점에 가 보았습니다. 마음에 대한 문제를 다룬 책이 꽹

장히 많았고, 물건을 정리하는 방법을 소개하는 책도 많이 팔리고 있었습니다. 그런데 잡념이라는 '마음속 쓰레기'를 정리하는 방법을 알려 주는 책은 없었습니다. 결국 저는 직접 책을 쓰게 되었습니다.

이 책의 3가지 특징은 다음과 같습니다.

첫째, 언뜻 보기에 종잡을 수 없는 '잡념을 정리 정돈하는 방법'을 알게 됩니다. 잡념이라고 해서 모두 같지는 않습니다. 안달복달하게 되는 '감정'인지, '기분 나쁜 추억'인지, 막연한 '딴생각'인지에 따라 정리하는 방법이 달라집니다. 책을 읽으면 '잡념을 분류하는 방법'을 배울 수 있습니다. 잡념을 정리하고 나면 방을 청소했을 때처럼 기분이 상쾌해질 것입니다.

둘째, '잡념의 유형별 해소법'을 알게 됩니다. 만약 인간관계로 애를 먹고 있어서 잡념이 생긴다면 인간관계를 제대로 맺고 끊는 방법이 필요할 것입니다. 자신감이 없거나 성격이 고집불통이라서 고생한다면 '성격을 개선하는 방법'이 필요할 테지요. 그 외에도 과거에 대한 후회와 미련을 끊어 내는 계기, 미래에 대한 불안과 중압감을 극복하는 사고방식이 필요한 사람도 있습니다. 이처럼 다양한 종류의 잡념을 해소하는 방법을 구체적으로 소개할 것입니다.

셋째, '붓다의 가르침'을 토대로 했습니다. 흔히 불교는 이해하기 어렵고 권위적이라고 생각하지만, 붓다의 가르침은 다룹니다. 저는 붓다가 고대의 인도에서 전파했던 '마음을 정화하는 방법'을 현대식으로 각색해 보았습니다. 현대인이 주로 갖는 문제들을 해결하는 데 도움이 되도록 재해석했지요. 이 책은 행복해지기 위해 어떻게 합리적으로 생각하면 되는지 알려 주는 '붓다의 사고법'을 기반으로 했습니다.

책의 내용을 실천한다면 지금 당신의 마음속에 가득 찬 잡념이 말끔히 씻겨 나갈 것입니다. 평소에 받는 스트레스나 불만을 제대로 해소하게 되고, 인간관계로 인한 골머리를 더 이상 썩이지 않을 것입니다. 회사 일, 집안일, 공부 등이 몰라볼 정도로 순조롭게 진행될 것이며, 앞일을 너무 깊이 생각해서 불안해지거나 과거를 회상하면서 침울해지는 나쁜 버릇도 없어질 것입니다. 실제로 도량으로 찾아오는 사람들은 종종 아래와 같은 감상을 말하곤 합니다.

"정말 신기하게도 인생의 수수께끼가 풀리고 마음이 가뿐해졌어요."

"일이 잘 풀리지 않을 때마다 지난날을 되돌아보는 습관이 없어졌어요."

사람들이 이런 이야기를 하는 이유가 있습니다. 제 도량에서는 '사람들이 가진 문제를 개선하려면 마음을 어떻게 작용시켜야 하는지'에 대해 매우 구체적이면서도 논리적으로 가르치기 때문입니다. 이 책도 그 기본 방침에서 벗어나지 않았습니다. 저는 '마음을 어떻게 움직이고 어떻게 생각해야 잡념을 없앨 수 있는지'에 대한 방법을 속속들이 풀어냈습니다.

한 가지 고백할 것이 있습니다. 저는 인생의 절반을 '잡념투성이'로 살아왔습니다. 사정이 있어서 중학교를 자퇴하고 열여섯 살에 가출하여 상경했습니다. 세간에서 가장 좋은 대학으로 치는 도쿄대에 들어갔지만 삶에 대한 의문과 실망감은 오히려 한층 깊어졌습니다. 다르게 사는 방법을 찾고 싶은 생각에 이끌려 결국 일본을 뛰쳐나가고 말았습니다.

그야말로 마구잡이로 인생을 살아온 사람이 인도에서 출가해 붓다의 가르침을 받았습니다. 그러자 가슴에 응어리진 분노와 갈등과 공허함이 말끔히 사라졌고, 현재에 만족하는 삶을 사는 방법의 핵심을 알게 되었습니다. 덕분에 저는 더 이상 방황하지 않습니다. 그렇게 고통에 몸부림치던 인생이 거짓말처럼 밝고 단순해졌습니다. 잡념투성이였던 마음의 체질이 바뀌어 이제는 잡념이 생겨나도록 내버려 두지 않습니다.

우여곡절이 많은 삶을 살아온 제가 '잡념을 해소하는 방법'을 소개한다면, 잡념으로 고생하는 사람들에게 도움이 될지도 모른다는 생각에 펜을 잡게 되었습니다. 말하자면 원래 잡념투성이였던 출가승이 '자애(배려를 의미하는 불교 용어)'를 담아서 '성가신 잡념을 말끔히 해소하는 방법'을 소개한 책이지요.

잡념을 없애면 정말 중요한 일에 전념할 수 있습니다. 그러면 모두가 더 행복해질 것입니다. 이런 마음으로 당신에게 이 책을 선물하고 싶습니다. 지금부터 마음을 다잡고 잡념이 싹 사라진 상쾌한 인생을 향해 나아가 봅시다.

목차

목차

우리 오늘부터
마음 가볍게 지내요

잡념을 버리는
방법에 대하여

먼저 질문으로 출발해 봅시다.

'앞으로도 계속 잡념 속에서 살아가고 싶은가요? 아니면 잡념을 싹 걷어 내고 중요한 일에 집중하면서 살고 싶은가요?'

두 번째 질문에 긍정적으로 대답한 당신은 이 책을 읽으면서 기뻐하고 놀라워할 것입니다. 이 책은 지금까지 누구도 알려 주지 않은 '잡념을 해소하는 방법'을 설명하고 있으니까요.

원래 잡념은 막연하고 종잡을 수가 없습니다. '잡념을 없애고 싶다'고 느끼기도 어렵고, 자신에게 잡념이 있는지조차 모르는 경우가 많습니다. 하지만 곰곰이 살펴보면 당신의 머릿속에는 쓸데없는 생각들이 들끓고 있을 것입니다. 조금 짜증이 나는 감정뿐만 아니라 갑자기 떠오르는 소리나 영상도 잡념입니다. 아래에 제시하는 생각들도 두말할 이유 없이 모두 잡념이지요.

'아, 짜증 난다. 요즘엔 왜 이런 일만 생기지.'

'너무 앞만 보고 달려가니까 항상 마음이 불안해.'

'또 실수했네. 난 왜 이럴까?'

아마도 평소에 떠오르는 대부분의 생각들이 잡념일 것입니다. 유감스럽게도 '잡념을 해소하는 방법'을 알고 있는 사람은 많지 않습니다. 다르게 말하자면 마음을 적지 않게 낭비하며 허송세월을 하고 있는 것이지요.

지금부터 잡념을 해소하는 방법을 단계별로 차근차근 소개하겠습니다. 먼저 대표적인 '잡념 해소법'을 몇 가지로 간추려 설명해 보겠습니다.

복잡한 마음을 정돈하기

맨 처음 소개할 방법은 종잡을 수 없는 잡념을 '종류별로 나누는 방법'입니다.

물건을 '분리수거'해서 처리하듯 잡념이라는 '마음속 쓰레기'도 종류별로 나눠야 합니다. 우선 마음속에 있는 잡념이 무엇인지 알아보기 위해 '잡념의 성분'을 분석해 봐야 합니다. 그다음 분류한 잡념을 '어떻게 해소(처분)할지'로 넘어가야 합니다. 가능할지 의구심이 생길 수도 있지만, 붓다의 지혜를 활용한다면 충분히 가능합니다. 하나 예를 들면 '감정과 사고를 구별하는 방법'이 있습니다.

어떤 사람과 감정적으로 대립하고 있다고 가정해 봅시다. 대부분 사람들은 마음을 정리하지 못해 짜증을 내거나 답답한 마음을 떨쳐 내지 못합니다. 그러나 붓다의 지혜를 활용하면 가장 먼저 상대방에 대한 '분노'의 감정과 앞으로 관계를 어떻게 할지를 분리하게 됩니다. 그다음으로는 '자신의 감정에 슬기롭게 대처하는 방법'과 '상대방에게 지혜롭게 맞서는 방법'을 분리해서 생각하게 되지요.

구체적으로 어떻게 분리할지는 본문에서 설명하도록 하겠습니다. 편한 방법을 배울 것 같은 예감이 드시나요? 이 책에서는 '마음을 맺고 끊는 법'을 다양하게 소개하고 있습니다. 혼란스러운 잡념을 분류하기만 해도 마음이 정리되어 한결 가뿐해질 것입니다.

마음속에 쌓인
쓰레기 비워 내기

잡념을 버리는 작업이 필요합니다. 잡념은 방 안에 어질러져 있는 잡동사니처럼 분리수거해서 정해진 날짜에

버릴 수 있는 것이 아닙니다. 잡념과 같은 특수한 마음속 쓰레기를 버리기 위해서는 약간의 요령이 필요합니다.

그중 하나는 '알아차리고 내려놓는 방법'입니다. 분노 같은 감정이나 불안과 의심 같은 망상에 효과가 있지요. 더는 감정이나 망상을 부풀리지 않고 의식적으로 '잊어버리는' 방법을 쓰는 것입니다.

이 방법을 쓸 때는 참선으로 대표되는 불교적인 '마음 정화법'을 활용합니다. 세상에는 스포츠나 요가처럼 스트레스 발산과 기분 전환에 도움을 주는 여러 가지 방법이 있습니다. 그것들은 언뜻 보면 서로 연관성이 없지요. 하지만 원리와 본질적인 부분을 들여다보면 '마음을 가볍고 밝게 유지하는 공통된 비결'이 있습니다. 어떤 행동에도 적용할 수 있는 훌륭한 비결을 본문에서 소개하겠습니다.

당연하다고 생각했던
착각 바로잡기

'의욕이 없다', '승부욕이 강하다' 같은 발상이 '착각'이라는 사실을 알고 있나요?

"의욕이 없어도 일을 척척 해 나가고 공부도 아주 잘돼요."

"이기려고 하면 반드시 실패합니다. 자동차 경주에서 이기겠다면서 타이어에 구멍을 내는 거나 마찬가지입니다."

위와 같은 말을 들으면 어떤 생각이 드시나요? 만약 어리둥절해지고 말문이 막힌다면 당신은 지금 커다란 착각에 빠져 있을 가능성이 높습니다. 그 착각 때문에 고민하지 않아도 될 일을 고민하고, 잡념이나 스트레스를 불필요하게 쌓아 두는 것이지요. 그런 식으로 대부분의 인생을 무의미하게 흘려보낼 수는 없지 않을까요?

이 책의 토대를 이루는 붓다의 가르침은 때때로 세상의 보편적인 사고방식과는 정반대의 발상을 제시합니다. 상식을 거스르는 '붓다의 사고법'을 활용해서 당신을 사로잡은 착각을 바로잡을 것입니다. 근본적인 발상이 바뀌면 잡념으로 괴로워할 일이 크게 줄어듭니다. 세상이 달라 보일지도 모르지요. 지금껏 살아온 나날과 비교하면 훨씬 높은 확률로 당신이 원하는 성과와 행복을 손에 넣을 것입니다.

지금까지 설명한 내용은 이 책이 소개할 '잡념을 해소하는 방법'의 일부분에 불과합니다. 본문에서는 매력적이면서도 유용한 방법이 끊임없이 등장할 것입니다.

이렇게나
매력적인 붓다

이 책에서 소개할 잡념을 해소하는 방법의 근간에는 불교가 있습니다. 다시 한 번 강조하자면, 이 책에서 논할 불교는 어떤 종파의 주지승이나 다른 나라의 장로가 이야기하는 '석가모니의 가르침'과는 조금 다릅니다.

일반적으로 불교라 하면 종교로서의 인상이 강하지요. 붓다는 '석가모니'나 '종교의 창시자' 같은 호칭으로 쓰이고, 수많은 스님들이 저마다 다른 가르침을 전파합니다. 물론 그들의 가르침에서 갖가지 도움을 얻을 수 있으니 감사해야 할 일입니다. 하지만 아무리 들어도 이해하기 어려운 부분이 있는 것도 사실입니다. 때로는 너무 황당무계한 이야기에 어리둥절해지기도 합니다. 시주를 해야 공덕이 쌓여 다음 생에 좋은 곳에서 태어난다는 이야기처럼 뭔가 석연치 않지만 잘 모르니까

그냥 받아들이는 것들이 꽤 있을 것입니다.

사람들이 일상생활에서 불교를 접하는 때는 언제일까요? 대부분은 장례식이나 재를 올리면서 스님이 중얼거리며 불경을 읽는 소리를 듣습니다. 성실한 사람은 덩달아 입을 움직이며 흉내를 내기도 합니다. 하지만 정작 무슨 뜻인지는 알지 못하는 경우가 많고, 그렇게 불경을 외는 것에 어떤 의미가 있는지 마음속으로 의문을 가지기도 하지요.

새로운 양식의
붓다를 소개합니다

이 책에서 소개할 불교는 다릅니다. 앞서 이야기한 관습화된 불교와는 완전히 동떨어진 새로운 양식의 가르침을 알려 주고, 종교로서의 불교가 아니라 '행복해지기 위해 배워야 할 붓다의 사고방식'이 무엇인지 설명할 것입니다.

우리가 매일 직면하는 문제를 대처하고 해결하는 방법 중의 하나로써 붓다의 가르침을 활용한다는 자세로 사고방식을 재정립해 나갑시다. 그러기 위해서는 이미 완성된 종교로서의 불교를 배우기보다는 우리가 당장 직면한 문제에서 출발해야 합니다. 그 문제를 해결하기 위해 붓다의 지혜를 가장 효과적으로 적용하는 방법을 탐구해야 하는 것이지요.

이 책은 실용적인 관점에서 그 과정을 설명했으며, 현실의 문제를 개선하기 위한 합리적인 방법으로써 붓다의 사고법을 활용했습니다. 붓다의 사고법(저는 이것을 관습화된 불교와 구별하기 위해 '부디즘Buddhism'이라고 부릅니다)에는 전통 불교에 있는 어려운 경전이나 윤회 사상 등은 전혀 없습니다. 어디까지나 현실에 도움이 되고, 즉시 실천할 수 있으며, 성과를 스스로 확인하는 두뇌의 사용법입니다.

사실 이 사고법은 제가 독창적으로 개발한 것이 아니라 붓다가 직접 실천했던 방법입니다. 붓다의 말씀을 기록한 가장 오래된 경전(이하 '불전佛典')에 분명하게 기록되어 있지요.

"이 가르침은 누구든지 지금 당장 실천해서 확인할 수 있다. 와서 시험해 보라."

《맛지마 니까야Majjhima Nikāya》

붓다가 직접 가르치던 방법은 오늘날의 불교보다 열려 있고 실용적이었을 가능성이 높습니다.

당신도
행복해질 수 있습니다

이 책에서는 붓다가 가르쳤던 합리적인 지혜의 일부분을 소개했습니다. 특히 잡념과 같은 마음의 번뇌를 해소하려면 어떻게 생각해야 좋을지 알려 주는 사고법에 초점을 맞췄습니다. 불교에 흥미가 없는 사람도 안심하고 읽을 수 있으리라고 생각합니다. 이 책을 읽어 나갈수록 종잡을 수 없던 잡념의 정체를 확실히 알게 되고, '잡념을 쌓아 두지 않는 사고법'을 익히게 될 것입니다.

붓다의 사고법을 활용하면 어떤 잡념도 해소됩니다.
잡념이 사라질수록 중요한 일에 직면할 수 있습니다.
그만큼 행복해집니다.

당신도 위와 같은 절차를 밟고 산뜻한 인생을 살아가기를 바랍니다.

이 책에서는 '성격을 바꾸는 방법', '어떤 일이든 극복하게 해주는 사고법' 등 마법처럼 들릴 만한 여러 방법도 소개합니다. 그 방법들이 가능한지 의심스러워서 잡념이 생기는 사람이 있을지도 모르겠습니다. 이 책이 2,500년이나 되는 불교 사상의 흐름을 바탕으로 쓰였다는 사실을 잊지 말았으면 합니다.

이 책은 세상에 널린 말로만 '위로하는 책', '격려하는 책'과
는 다릅니다. 인류 역사상 가장 뛰어난 지혜를 가졌던 붓다가
발견한 '진정한 마음의 모습'에 기초한 실천적인 사고법을 설
명한 책이지요. 붓다의 가르침은 현대인들에게도 충분히 새롭
고 효과가 있습니다. 이 책을 읽고 그 매력과 위력을 온몸으로
느끼기를 바랍니다.

마음을 대청소할 준비가 끝났나요? 그렇다면 바로 본문으
로 들어가 보겠습니다.

제1장

나도 모르는 내 마음,
어떻게
알아차릴 수 있을까요?

잡념을 얕보았을 때 생기는 일

다시 한 번 묻고 싶습니다. 지금 당신의 마음은 얼마나 잡념투성이인가요?

사실 잡념이 있는지 없는지를 스스로 알아차리기는 어렵습니다. 온통 잡념투성이인데도 자신에게 잡념 따위는 없다며 천연덕스럽게 행동하는 사람이 많지요. 잡념을 자각하는 사람이 그리 많지 않기 때문입니다.

왜 잡념을 자각하지 못할까요? 바로 '눈에 보이지 않기 때문'입니다. 어질러진 방의 상태와 달리 마음은 어질러진 상태를 알 수가 없습니다. 자신이 잡념에 사로잡혀 있다고 말할 수 있는 사람은 관찰력이 매우 뛰어나거나, 스트레스와 혼란이 많이 쌓여 있는 사람일 가능성이 높습니다.

잡념을 자각하지 못하면 여러 좋지 않은 일이 벌어집니다.

'마음이 흐트러지는 현상'은 극히 초기적인 증상입니다. 이 현상은 잡념의 원인에 따라 달라지기도 하는데, 방치해 두면 쉽게 피로해지거나 화를 내는 등 감정적인 문제를 일으킵니다. 급기야 우울증이나 신경증에 걸리는 등 생활에 지장을 주는 상황으로 발전하기도 하지요. 우리가 잡념을 얕봐서는 안 되는 이유입니다.

나도 모르게 서 있는
인생의 갈림길

예를 들어 이런 루트를 생각해 봅시다.

기분이 상쾌하지 않다.

↓

하루하루가 따분하고 짜증이 쌓여 간다.

↓

까다롭고 어두운 성격이 되어 간다.

결과가 어떨지 상상이 되시나요? 그럼 반대로 이런 루트는 어떨까요?

기분이 상쾌하지 않은 상태를 자각한다.

↓

의식적으로 기분을 전환하려고 노력한다.

↓

마음을 밝고 가벼운 상태로 유지한다.

당신이라면 어떤 루트를 선택하시겠습니까? 두 번째 루트를 결정짓는 것이 자각입니다.

마음은 몸과 같아서 관리하지 않으면 더러워지고 병에 걸립니다. 왠지 재미있는 일이 없고 의욕이 생기지 않는다고 생각하면, 그 생각으로 인해 어느새 무기력증이나 우울증으로 발전하는 경우가 있지요. 자신의 상태를 빠르게 자각해서 해소한다면 더 나쁜 상황으로 악화되지 않도록 막을 수 있습니다. 마음을 언제나 밝게 유지하게 되는 것이지요.

마음을 밝게 유지하려면 '지금의 마음 상태'를 알아야 합니다. 즉, 자각이 마음의 문제를 해결하는 출발점인 것입니다.

잡념도
체크 리스트

마음 상태를 알기 위해 '잡념도 체크'를 해 보려고 합니다. 머릿속에 쓸데없는 생각이나 감정, 고민거리가 얼마나 들어 있는지 확인해 보는 것입니다. 지금부터 제시할 항목들은 불전에서 말하는 잡념에 해당되는 마음 상태를 현대식으로 바꿔서 늘어놓은 것입니다. 당신에게 해당되거나 지금 심경에 딱 맞는 항목이 나오면 체크해 보세요.

지금의 기분

☐ 분노가 있다.

☐ 충족되는 느낌이 없다.

☐ 욕망이나 기대하는 마음에 휘둘리고 있다.

☐ 초조한 상태다.

☐ 피로가 쌓여 있다.

☐ 즐겁지 않다.

☐ 매사에 적극적이지 않다.

☐ 의욕이 없다.

☐ 스트레스를 느낀다.

☐ 우울하다.

☐ 안절부절못한다.

☐ 그만두려고 생각 중인 일이 있다.

자신의 성격

☐ 지레짐작이 심하다.

☐ 꼼꼼한 성격에다 일이 잘 풀리지 않으면 몹시 화가 난다.

☐ 승부에 집착한다.

☐ 돋보이고 싶어 한다.

☐ 자존심이 강하다.

☐ 허세를 부린다.

☐ 감정의 기복이 심하다.

☐ 실패한 일에 미련이 많다.

☐ 자신감이 없다.

☐ 쉽게 의기소침해진다.

□ 종종 자신을 탓한다.

□ 다른 사람 앞에 서면 긴장한다.

□ 우유부단하다.

□ 과거를 자주 되돌아본다.

다른 사람에 대해

□ 남의 눈을 신경 쓴다.

□ 질투를 자주 한다.

□ 싫어하는 사람에 대한 생각이 머릿속에서 떠나질 않는다.

□ 남이 이해해 주지 않아 억울하다고 느낀다.

□ 남을 잘 의심한다.

□ 다른 사람에 대한 소문을 내거나 험담하는 것이 좋다.

□ 남을 자주 흠잡는다.

□ 남과 비교한다.

□ 싫은데도 좀처럼 거절하지 못한다.

□ 상황이 좋지 않으면 나도 모르게 거짓말을 한다.

일상생활에 대해

□ 멍하니 있는 시간이 길다.

□ 계속 똑같은 생각을 한다.

□ 재미있는 일이 별로 없다.

□ 외출이 귀찮다.

□ 뭘 하고 싶은지 모르겠다.

□ 과거에 실패나 좌절했던 일을 잊지 못한다.

□ 미련이 있다.

□ 미래에 대한 불안과 두려움이 있다.

□ 이 상태로 있어도 괜찮을지 걱정된다.

□ 하고 싶은 일은 있지만 첫발을 내딛기가 어렵다.

어떤가요? 맞는 부분이 꽤 많아서 깜짝 놀란 분도 있을 겁니다. 이처럼 우리의 마음은 자각하지 못할 뿐, 실제로는 온통 잡념투성이입니다.

모르고 살 수도 있었지만
이제는

어떤 분은 잡념으로 가득 차 있는 자신을 자각하고 우울해졌을지도 모르겠습니다. 오히려 기뻐하는 편이 낫습니다. 마음을 자각해 가는 과정에는 많은 장점들이 있기 때문이지요.

그중 하나는 마음 상태를 자각하는 것만으로도 나쁜 심리 상태로부터 한 발 나아간다는 것입니다. 화가 머리끝까지 치민 사람이 자기 안에 '분노라는 감정이 있음'을 자각한다면 그것만으로도 마음은 변화하게 됩니다. 더불어 불안에 휩싸인 사람이 '지금 불안을 느끼고 있다'고 자각한다면, 그 이상의 어두운 상상에 빠져들지는 않게 되겠지요. 자각이야말로 잡념을 멈추게 하는 가장 좋은 약입니다.

자각을 통해 다양한 문제도 해결할 수 있습니다. 마음 상태를 자각하지 못하면 혼란(개운치 못하고 떨떠름한 상태)이 지속됩니다. 자각을 통해 지금의 상태를 알게 되면 해결책도 마련하게 됩니다.

또 다른 장점은 이 책에서 밝힐 붓다의 사고법으로 잡념을 씻어 낸 후에 '대단히 상쾌한 느낌'을 맛본다는 점입니다. 애주가에겐 퇴근하고 마시는 한 잔의 맥주와 같고, 목욕을 좋아하는 사람에겐 운동 후의 시원한 샤워와도 같지요.

붓다의 제자인 목련 존자는 다음처럼 비유했습니다.

"치장을 좋아하는 젊은이는 거울을 보고 얼굴의 더러움을 씻어 내고 깨끗하다며 만족할 것이다. 마찬가지로 마음의 더러움을 발견하면 골라내서 깨끗하게 해야 한다."

《맛지마 니까야》

몸치장에는 온갖 공을 들이면서 잡념 같은 마음속 쓰레기는 못 본 척한다면 말이 안 됩니다. 마음을 들여다보고 어떤 잡념이 있는지 자각해서 깨끗하게 대청소하는 단계로 넘어가도록 합시다.

다행히 잡념에도 정리하는 방법은 따로 있습니다. 다음 장부터 그 내용에 대해 본격적으로 소개하겠습니다.

제2장

잡념투성이인 나,
괜찮아질 수 있을까요?

마음을 정돈하는
4가지 방법

잡념을 자각한 다음에 필요한 단계는 그 잡념을 구별하는 것입니다. 사람이 잡념투성이인 상태에서 벗어나지 못하는 까닭은 마음 상태를 '스스로는 볼 수 없고', '해소하는 방법도 모르기' 때문이지요. 1장에서 했던 자각은 마음 상태를 '보는' 작업입니다. 이번 장에서는 잡념이 가득한 상태를 해소하기 위해 '분류'하는 작업을 해 보겠습니다.

분류는 마음의 혼란을 정리 정돈하는 것입니다. 잔뜩 구겨지고 답답하고 짜증 나는 개운치 못한 마음 상태를 종류별로 나눠서 파악하게끔 하는 것이지요. 만약 방 안이 잡동사니로 가득 차 있다면 가장 먼저 무슨 일을 해야 할까요? 우선 '필요한 물건과 필요 없는 물건'을 구별하고 '의류, 책, 문구류'처럼 종류별로 나눠서 정리해 나갈 겁니다. 잡념도 마찬가지입

니다. 종잡을 수 없는 마음 상태를 몇 개의 카테고리로 나눠서
정리하면 되는 것입니다.

사실 분류하는 작업은 불교에서 정말 많이 등장합니다. 오
래된 불전에는 번뇌를 몇 십 종류로 나누거나, 마음을 정화하
는 방법을 여러 가지로 분류하는 등 훌륭한 '분류 사고법'이
많이 기록돼 있습니다. 그 원리를 활용한 것이 지금부터 이야
기할 분류법입니다.

붓다의 분류법 1.
'좋은 생각'인가요,
'나쁜 잡념'인가요?

먼저 '좋은 생각'인지 '나쁜 잡념'인지를 크게 나
눠서 분류하는 작업부터 시작합니다.

좋은 생각이란 '스스로가 행복을 느끼는 마음 상태'입니다.
좋은 생각에는 새로운 일을 시작하려는 긍정적인 의욕, 꿈이
나 목표를 이루고자 하는 열정, 감사하는 마음, 두근거림이나
즐거움, 상대방을 배려하는 마음, 애정이나 우정, 아름다운 것
에 감동하는 마음 등이 포함됩니다.

일상생활에서 기분이 좋아질 만한 생각을 얼마나 하며 살
고 있나요? 별로 없다면 앞으로 그런 생각을 적극적으로 늘려

나갑시다. 불교에서는 '마음은 의식적으로 만들어 가는 것'이라고 여깁니다. 방을 정리하듯 마음속을 깔끔하게 치우고 환기해서 즐겁게 머무는 공간이 되도록 만들어 갑시다.

그런 마음을 만들기 위해서는 '좋은 말을 하는 것'이 좋습니다. 승려인 저는 남을 마음속으로 절대 낮춰 부르지 않고 행복을 비는 자애의 마음으로 대하려고 노력합니다. '서로 만나서 연을 맺은 것 자체가 행복하고 감사하다'는 말을 항상 입에 올리지요. 입 밖으로 내는 말은 놀라울 정도로 영향력이 강합니다. 속는 셈 치고 한번 해 보기만 해도 마음가짐이 상당히 달라질 것입니다.

나쁜 잡념은 마음을 어둡고 무겁게 하는 모든 생각을 뜻합니다. 1장의 잡념도 체크 리스트에 늘어놓은 마음 상태와 같은 것들이지요.

당신의 앞날을 좌우하는 마음의 방향

사람들은 좋은 생각과 나쁜 잡념 중 어느 쪽을 더 많이 가지고 있을까요? 아마도 대부분 나쁜 잡념을 더 많이 갖고 있을 것입니다. 사람은 어째서 이토록 나쁜 잡념을 늘릴까요? 일방적으로 기대하고, 쉽게 화를 내고, 안 좋은 일을 집요하게 기억하면서 말이지요.

불교에서는 한 가지 생각에 마음이 딱 달라붙은 상태를 '집착'이라고 합니다. 접착테이프처럼 마음에 쓸데없는 잡념을 잔뜩 붙이고 있는 상태이지요. 그렇게 해서 기분이 좋을 리가 없는데도 좀처럼 떨쳐 내지 못합니다.

더 이상 잡념에 마음을 빼앗기지 않도록 '마음의 방향'을 명확하게 잡읍시다. 어떤 마음을 소중히 하고 어떤 마음을 줄여 나갈지 정합시다. 좋은지 나쁜지를 분류하면 아래와 같은 단순한 해답이 나오게 됩니다.

'좋은 생각은 키운다. 나쁜 잡념은 버린다.'

《맛지마 니까야》

불교에서는 이처럼 마음을 키우는 법을 '바른 노력正精進'이라 하며 매우 중요하게 여깁니다.

좋은 생각의 종류는 비교적 쉽게 상상되지요(사랑, 감사, 우정 등). 반면 나쁜 잡념은 딱 집어서 정의하기 어려운 경우가 많습니다. '왜 이런 마음이 드는지 잘 모르겠다'고 느껴지는 상태에서는 버리는 작업을 하기 어렵지요. 그럴 때는 다음과 같은 분류법을 써서 나쁜 잡념의 정체를 알아내야 합니다.

붓다의 분류법 2.
'탐욕', '분노',
그리고 '망상'

불교에서는 탐욕, 분노, 망상의 3가지 '번뇌'가 자주 언급되는데, 이를 한데 묶어 '3가지 독'이라고도 합니다.

탐욕

탐욕은 과잉된 욕구를 뜻합니다. 달리 말하면 '너무 많은 것을 바라는 마음'이지요. 붓다가 쓰던 언어와 비슷하다고 추측되는 팔리어로는 lobha, 영어로는 greed라 합니다.

사람은 더 많이, 더 빨리, 더 편하게 무언가를 손에 넣으려고 합니다. 이처럼 더 원하는 마음이 전형적인 탐욕입니다. 그뿐만이 아닙니다. '나만 갖고 싶다', '나만 인정받고 싶다' 등 이른바 독점욕이나 특권 의식, 자존심(자아도취) 등도 탐욕에서 비롯된 생각입니다.

인간관계에서의 탐욕은 '상대방에 대한 기대'입니다. 무리하게 조르거나 억지로 떠넘기는 것도 해당됩니다. 대부분은 '상대방이 이렇게 해줬으면 좋겠다', '이렇게 해주는 게 당연하다'고 지나치게 요구하거나 넘겨짚어서 감정적인 트러블을 일으키게 됩니다.

초조함, 불만, 짜증 같은 감정에도 탐욕이 숨어 있습니다.

좀처럼 부정적인 감정이 진정되지 않으면 탐욕 때문은 아닌지 잘 생각해 보아야 합니다.

분노

분노는 불쾌함을 느끼는 상태입니다. 팔리어로는 dosa라 하여 '어두운 불쾌감'을 의미합니다. 영어로는 anger, hatred, ill will이라 하며, 불교 용어로는 진에瞋恚라고 표현하지요.

분노는 우리에게 익숙한 감정이지만, 상당히 폭넓고 복잡합니다. 육체의 고통, 타인을 향한 혐오와 불만은 물론이고 물건을 잃어버려서 침울해진 기분, 소중한 것을 잃은 슬픔, 좌절, 후회, 일상의 스트레스, 자기혐오, 콤플렉스 등에도 분노가 숨어 있습니다. 가슴 언저리가 술렁거리며 요동을 치고 불쾌함이 느껴진다면 분노라고 확실하게 자각해야 합니다.

망상

팔리어로는 moha, 영어로는 delusion이라 합니다. 머릿속의 모든 생각은 망상이지요. 달리 말하면 망상은 욕구가 충족된 상태를 상상하는 것입니다. 자신을 분노하게 만든 사람이나 일에 대해 끊임없이 생각하는 상태도 망상입니다. 남이 자신을 어떻게 생각할지 몰라 불안해하거나 의심하는 마음도 망상에 해당됩니다.

특히 주의해야 할 점은 '저 사람은 이런 성격이야', '이건 이래야 해' 하고 넘겨짚거나 섣불리 판단하는 행위와 기억도 망상에 해당된다는 것입니다. 사람은 망상의 마력 때문에 늘 고통스러워합니다.

평소의 생각들이 망상이라는 사실을 깨닫도록 노력해 보세요. 머릿속을 객관적으로 볼 수 있는 것만으로도 고민거리의 절반은 해소될 수 있습니다. 전형적인 망상의 한 예로 '아침에 눈을 뜨고서 이불 속에서 하는 생각'이 있지요. 안 좋은 기억을 되살리고 후회하거나 점점 화를 쌓고 있지는 않나요? '잠에서 깨어날 때의 망상을 줄이는 것'을 앞으로의 목표 중 하나로 추가해도 좋을 듯싶습니다.

망상과 생각의 차이는 무엇일까요?

로댕의 유명한 조각 〈생각하는 사람〉은 도대체 무얼 생각하고 있는 걸까요? 혹시 망상을 하고 있는 건 아닐까요?

붓다의 가르침에는 '팔정도八正道'가 있습니다. '하나의 목적을 이루기 위해 빠뜨려서는 안 될 8가지 요소'라는 뜻이지요. 앞에서 언급한 '바른 노력'이 그중의 하나입니다. '바른 사고正思'는 팔정도에 있어 또 하나의 중요한 요소입니다. '하나의 방향(목적)에 도달하기 위한 합리적인 방법을 생각하는 것'을 의미하지요.

그렇다면 망상은 그 외의 생각할 거리라는 뜻이 됩니다. 망상에는 목적이 없으며, 그렇다고 다른 목적을 이룰 방법을 생각하는 것도 아닙니다. 닥치는 대로 이것저것 생각하거나 막연하게 이미지를 떠올리는 상태가 망상에 해당됩니다.

제 도량에서 어떤 여성분은 참선을 하는 중에 '틈만 나면 망상이 들어서 힘들었다'고 이야기했습니다. 그 말대로입니다. 대부분의 사람들은 틈만 나면 망상을 하고 있습니다.

망상을 전혀 하지 않는 마음 상태는 어떨지 한번 상상해 봅시다. 매우 가볍고 상쾌한 느낌이 들지 않을까요? 실제로 아무것도 생각하지 않는 것만으로도 마음에 상당한 쾌감이 일어납니다. 망상을 하지 않음으로써 행복해지는 것이지요.

아울러 사람들은 제게 '망상이 그렇게 안 좋은가요?'라는 질문을 자주 하곤 합니다. 이에 대한 대답은 세 번째 분류법에서 나올 것입니다.

붓다의 분류법 3.
'유쾌하면서 플러스'인가요,
'불쾌하면서 마이너스'인가요?

세 번째 분류법은 당신의 인생이 안 좋은 방향으로 굴러가지 못하도록 막는 중요한 방법입니다.

'유쾌한 반응'이란 좋아하다, 즐겁다, 기쁘다 등의 긍정적인 반응을 의미합니다. 반응은 붓다의 사고법의 열쇠가 되는 개념으로 '마음의 움직임'을 뜻하지요. 어떤 소리를 들으면 '무슨 소리일까', '좋은 음악이네', '시끄럽다' 등의 생각을 하면서 마음이 움직이는데, 이를 '반응하고 있다'고 표현합니다.

한편 불쾌한 반응은 싫다, 불쾌하다, 고통스럽다 같은 부정적인 반응입니다. 불쾌한 반응은 분노와 상당히 흡사하며, 잡념에는 대개 불쾌함이 동반됩니다.

잡념의 늘어남을 예방하려면 반응이 유쾌한지 불쾌한지를 민감하게 구별할 줄 알아야 합니다. 그래야 불쾌를 감지하기만 해도 불쾌함이 억제되며, '이렇게 불쾌한데도 참아야 할 이유(의미)는 무엇인가'를 냉정하게 생각하게 되지요. 불쾌에 둔감하면 싫은데도 무리해서 일을 떠맡거나 남과 억지로 어울려서 마음이 소모되기도 합니다. 그래서 우리는 자신의 마음을 있는 그대로 감지하기 위해 심혈을 기울여야 합니다.

유쾌와 불쾌의 구별과 더불어 '플러스인지 마이너스인지를 분류'하는 것 역시 중요합니다. 자신에게 이익을 주고 도움이 되는 일인지를 구별하는 방법이지요.

행복 만들기에 도움을 주는 4가지 기준

두 가지 분류법을 조합하면 아래와 같은 편리한 기준이 완성됩니다.

① 유쾌하지만 마이너스니까 손대지 않는다.

② 불쾌한데 플러스라서 참고 한다.

③ 불쾌하면서 마이너스니까 하지 않는다.

④ 유쾌하면서 플러스인 것을 추구한다.

위 기준 중에서 해서는 안 되는 것은 ①과 ③의 마이너스인 일, 즉 자신에게 이익이 없는 일입니다.

①의 유쾌하지만 마이너스인 경우는 과도한 음주나 흡연을 예로 들 수 있습니다. 붓다는 이런 자극적인 물질을 '달콤한 독'에 비유하기도 했습니다.

③의 불쾌하면서 마이너스인 경우는 제삼자 입장에서 보면 왜 계속 그러는지 알 수 없어서 답답하게 느껴지는 상황을 가리킵니다. 예를 들면 남편의 폭력이나 외도를 꾹 참고 견디며 인생의 무상함을 곱씹는 여성이나, 속된 말로 '블랙 기업(고용 불안 상태에서 일하고 있는 청년 노동자들에게 저임금과 장시간 노동 등 불합리한 노동을 강요하는 기업)'에 취직해서 가혹한 노동과 비정한 처사 때문에 매일 지옥을 맛보는 사람이 해당됩니다. 또한 부모 자식 관계나 도저히 끊을 수 없는 악연도 마찬가지이지요.

이와 반대로 ②와 ④는 보다 적극적으로 추구해야 하는 경우들입니다.

②의 불쾌한데 플러스인 경우는 힘들어도 해야만 하는 일이나 장래를 위한 공부가 해당됩니다. 참고 버텨내야 하는 중요한 일을 붓다는 '쓴 약'에 비유하기도 했습니다.

④의 유쾌하면서 플러스인 것은 제일 이상적인 경우입니다. 즐거우면서 돈도 버는 직업을 가진 경우가 가장 먼저 떠오르지요. 세간에서 빛나는 성공을 거둔 사람들은 입을 모아 '즐거우니까 이 일을 하고 있다'고 말합니다. 마치 달콤한 약을 계속 먹는 듯한 삶의 방식입니다.

지금 이 순간, 그 자리에서 활용해 보기

현재의 생활을 재점검하는 데 위의 4가지 기준을 꼭 활용하길 바랍니다. 어떻게 활용하면 좋은지 방법을 하나 소개하겠습니다.

우선 '지금 느끼는 건 유쾌함인가 불쾌함인가' 하는 질문부터 시작합니다. 유쾌함을 느낀다면 '이 유쾌함은 플러스인가 마이너스인가'를 생각합니다. 중요한 목표가 있는데 아무것도 안 하고 놀고 있거나, 행복해지고 싶은데 안 좋은 관계를 지속한다면 마이너스에 해당되겠지요? '지금 내게 마이너스가 되는 일을 하고 있다'고 강하게 자각하도록 노력해 봅시다.

불쾌함을 느끼는 상태에서도 플러스인가 마이너스인가를

생각해야 합니다. 이런 과정은 인생의 중요한 일을 내팽개치지 않도록 하는 제동 장치입니다. 불쾌한데 플러스인 일은 인생에 얼마든 있습니다. 일시적으로 잘 풀리지 않는 일, 공부, 인간관계 등이 그렇지요. 이런 일과 마주하면 사람은 힘들다, 괴롭다, 그만두고 싶다고 느낍니다. 그럴수록 '이 상태에 어떤 플러스가 있는지', '장래에 어떤 플러스를 얻을 수 있는지'를 생각해 봐야 합니다. 그러면 목표를 달성했을 때의 보수를 상상하고 힘내야겠다고 다짐하거나, 가족과 자신의 장래를 위해 꼭 필요하니 참아야겠다 는 생각을 할 여지가 생깁니다.

후반부에서 다시 언급하겠지만, 플러스인지 마이너스인지는 장래에 어떤 결과를 가져오는지를 반드시 염두에 두고 판단해야 합니다. 장래의 성과로 이어지는 좋은 원인이 되는 것이 플러스이며, 그렇지 않은 것이 마이너스입니다.

유쾌함인지 불쾌함인지를 먼저 감지한 후에 플러스인지 마이너스인지, 독인지 약인지를 함께 묶어서 생각해 보세요. 이는 유쾌함과 불쾌함 같은 '감정'을 소중히 하면서도, 감정에 휩쓸리지 않기 위해 플러스인지 마이너스인지를 구별해서 합리적으로 '사고'하는 법을 접목시킨 사고법입니다.

감정과 사고라는 단어가 등장했는데, 이것을 이용한 또 하나의 중요한 분류법이 있습니다. 그 분류법을 마지막으로 소개하고 이번 장을 마치겠습니다.

붓다의 분류법 4.
'감정'과 '사고'를 분리하기

마음이 초조해지면 감정과 사고가 뒤죽박죽이 됩니다. 감정과 사고는 완전히 별개의 것이지요. 그 둘을 분리하기만 해도 인간관계에서 생겨나는 고민이 크게 줄어듭니다.

감정은 분노, 기쁨, 슬픔, 즐거움과 같은 마음의 움직임입니다. '감정의 파도'라는 말도 있듯이, 그야말로 파도가 밀려오듯 즉흥적으로 일어나는 마음의 움직임을 뜻합니다.

사고는 생각하는 것, 머리를 쓰는 것입니다. 이미지를 떠올리거나 논리적인 말로 생각하는 것도 사고에 해당합니다.

이 분류법을 활용하면 인간관계에서 생기는 문제를 합리적으로 처리하게 된다는 점에서 매우 편리합니다. 직장에서 상대방과 의견이 맞지 않아 불만을 느꼈다고 가정해 봅시다. 이때 감정과 사고는 별개라는 사실을 알아차린다면, '감정에 반응하기는 했지만 지금은 일하는 중이니 구체적으로 어떻게 일을 처리해야 할지 생각하고, 그에 대해 확실히 의논을 해야 한다'는 식으로 냉정하게 생각할 수 있습니다. 감정과 사고를 분리하면 상대방과 대화를 통해 잘 해결할 수 있는 가능성이 열리는 것입니다.

조금 더 구체적으로 이야기해 보겠습니다. 불교에서 마음은 몸의 감각, 감정, 사고, 의욕, 의식이라는 5가지 요소로 이루어져 있습니다. 이들은 제각기 다른 '마음의 기능'입니다.

보통 사람은 마음을 분류하는 방법을 몰라서 상대방과 의견이 충돌하면 분노(감정), 기대, 요구(의욕), 서로 성격이 얼마나 잘 맞는지 등의 판단(사고)이 한데 뒤섞인 상태로 반응합니다. 그 결과 마음을 정리하지 못한 채 나쁜 감정을 계속 가지고 있어서 언제까지나 서로 협조하지 않는 사태가 발생하곤 하는 것입니다.

저 자신도 붓다의 가르침을 받아들이기 전에는 감정과 사고가 뒤죽박죽된 상태, 즉 잡념투성이인 사람 중 한 명이었습니다. 미얀마에서 불전을 공부하고 붓다의 사고법을 이해하자 붓다가 얼마나 머리가 좋은 사람이었는지 깨닫고 깊은 놀라움을 느꼈지요.

당신의 마음이 앞으로
나아가기 시작했습니다

상태를 분명하게 분류한 것만으로도 마음이 개운하고 차분해지는 느낌이 들지 않나요? 더 나아가 하나하나 분류한 마음 상태에 딱 들어맞는 해결책, 즉 '잡념의 유형별 해소법'이 있음을 알고 나면 더욱 안심이 될 것입니다.

붓다의 사고법은 우리의 일상에 달라붙는 잡념을 쫓아내는 가장 좋고 강력한 수단입니다. 이번 장에서 소개한 붓다의 분류법을 꼭 활용해 보길 바랍니다. 마음을 정리 정돈하는 데 큰 도움이 되어줄 테니까요.

다음 장에서는 잡념이 생겨나는 원리에 대해 설명하겠습니다. 원리를 알아 가는 과정에서 새로운 뭔가를 발견할 수 있을 것입니다.

제3장

마음속 쓰레기는
왜 쌓이는 걸까요?

행복의 힌트가 되는
마음의 구조

잡념을 버리기 전에 드는
궁금증 하나

2장에서 분류했던 마음속 쓰레기를 버리는 작업에 들어가기 전에 한 가지 풀고 싶은 의문이 있습니다. 바로 '도대체 이 잡념은 어디에서 왔을까?' 하는 것입니다.

사람들은 집에서 나온 쓰레기를 대량으로 처리하면서 잡동사니를 쌓아 두고 살았던 자신을 어처구니없다고 생각합니다. 잡념이라는 마음속 쓰레기도 자각하고 분류해 보면 '그러고 보니 왜 이런 것이 쌓였을까?' 하는 생각이 들기 마련이지요.

그런 의문에 대답하기 위해 이번 장에서는 '잡념이 생겨나는 마음의 구조'에 대해 정리해 보겠습니다. 한시라도 빨리 잡념을 버리고 싶다고 생각할지도 모르지만 조심해야 합니다.

'빨리'라는 생각이 잡념을 낳는 원흉이 되기도 하니까요.

이번 장을 읽고 '마음의 성질'을 바르게 이해해 봅시다. 마음의 구조를 알고 나면 잡념을 버리는 방법을 보다 강력하고도 효과적으로 실천할 수 있기 때문입니다.

문제 해결은 언제나
'바른 이해'로부터 시작됩니다

'바른 이해正見'는 불교의 출발 지점이자 최종 목적지이며, 따라서 정말 중요한 의미를 가집니다.

심리적인 압박을 받으면 사람은 어떻게 해결하려고 할까요? 효과가 즉시 나타나는 해결책을 찾기 위해 '5분이면 당신도 다시 태어난다!'와 같은 가볍고 기운찬 문구가 쓰인 책을 읽거나 세미나에 참여하기도 합니다. 그러나 마음의 성질을 온전히 이해한다면, 사람들에게 그럴싸한 의욕을 심어 주는 가벼운 방법은 그다지 효과가 없음을 알게 될 것입니다.

잡념을 없애고 마음을 변화시키려면 바르게 이해하기, 바른 방법을 알기, 바르게 실천하기가 필요합니다. 3가지 단계는 붓다가 가르쳤던 '바른 노력'의 주된 내용입니다. 그 노력은 바른 이해를 반드시 거쳐야 합니다. 붓다의 사고법은 언제나 문제를 바르게 이해하는 단계에서 출발하는 것입니다.

이제 잡념이 어디서 생겨나는지에 대한 의문에 대답하기 위해 붓다가 찾아낸 마음의 구조에 관한 이야기를 하고자 합니다. 마음의 구조를 알면 알수록 인생의 수수께끼가 술술 풀리는 느낌이 들 것입니다.

내 마음을 알기 위한
4가지 키워드

마음의 성질을 알기 위해서는 계속해서 뭔가를
원하는 마음의 에너지, 7가지의 욕구 프로그램, 반응, 결생結生
이라는 4가지 키워드를 이해해야 합니다. 지금부터 할 이야기
에는 심리학에 가까운 부분이 많이 포함됩니다. 붓다가 가르
친 수행법은 마음에 일어나는 현상을 고도의 집중력으로 관
찰하는 방법이지요. 수법은 달라도 마음을 이해한다는 점에서
심리학과 닮았다고 볼 수 있습니다.

붓다의 수행법으로 도달하는 집중력의 경지는 보통 수준이
아닙니다. 그런 경지에 이르렀을 때 보이는 마음의 진실한 모
습은 심리학을 통해 보는 것보다 훨씬 상세한데다 실생활에
도움이 되는 부분도 많습니다.

전통 불교의 문헌 중에는 마음의 성질에 관한 내용을 해설

한 부분들이 많습니다. 그 안에 담긴 지식을 활용해서 마음의 구조에 대해 설명하겠습니다.

마음의 키워드 1.
끊임없이 원하는 마음의 에너지

마음에는 뭔가를 원하는 에너지가 있습니다. 살아 있는 한 마음은 반드시 움직이고 반응하려 합니다. 사람은 여유가 생기면 다음에 뭘 할지 생각하기 시작합니다. 이때 뭔가를 원하는 마음의 에너지가 작용하는 것입니다.

반응하려고 하는 에너지를 불교에서는 '갈애渴愛'라고 합니다. 팔리어로는 taṇhā, 영어로는 craving. 끊임없이 뭔가를 원하는 마음이라는 뜻입니다. 불전에는 이와 같은 '마음의 갈증'이라는 표현이 자주 등장합니다.

마음의 키워드 2.
7가지 욕구 프로그램

마음의 에너지가 특정 대상에게 향하는 상태를 욕구라고 합니다. 욕구에는 생존욕, 식욕, 성욕, 수면욕, 나태욕, 감각욕, 인정욕이라는 7가지 종류가 있습니다. 감각욕은 청각, 시각, 미각 등의 오감으로 느끼는 감각을 즐기고 싶어 하는 욕구를 뜻하지요.

7가지 중에서 사람을 가장 번뇌케 하는 욕구는 무엇일까요? 바로 인정욕입니다. 원한다고 해서 간단히 충족시키기 힘든 욕구이지요. 인정욕은 인정받고, 사랑받고, 좋은 평가를 받고 싶어 하는 욕구를 말합니다. 현대 심리학에 의하면 인정욕은 다른 동물에게는 없는 인간 특유의 욕구라고 합니다. 인간은 자신의 가치를 누군가에게 인정받고 싶어서 못 견디는 동물이라는 것입니다.

7가지 욕구는 자극을 받아서 작용하는 '마음의 프로그램'입니다. 맛있는 음식을 보면 식욕이 작용해서 배에서 꼬르륵 소리가 나거나 음식을 먹으려고 손을 뻗게 됩니다. 누군가에게 비판받거나 야단을 맞으면 자신의 가치를 인정받고자 하는 인정욕으로 인해 기분이 침울해집니다. 연애를 하거나 일을 하는 동안에도 인정욕이 강하게 작용하는 법입니다.

기대하고, 화를 내고, 생각에 잠기는 등 평소에 나타나는 다양한 반응의 아래에는 7가지 욕구가 작용하고 있습니다. 마음이 정리되지 않으면 지금 어떤 욕구에 반응하는 상태인지 깊이 생각해 봐야 합니다. 욕구는 언제나 자연스럽게 존재한다는 사실을 부정하지 말고 이해하는 것을 원칙으로 삼아야 하는 것이지요.

자기가 무엇을 원하는지 정확하게 알면 욕구에 휘둘리지 않습니다. 더 나아가 욕구를 충족시킬 방법을 생각하게 됩니다. 있는 그대로의 욕구를 이해하면 쓸데없는 사고(꼬리에 꼬리를 무는 생각)를 없앨 수 있습니다.

마음의 키워드 3.
욕구가 '반응'을 만듭니다

7가지의 욕구로부터 반응은 생겨납니다. 반응에는 여러 가지 종류가 있는데, 앞서 언급한 탐욕, 분노, 망상이라는 3가지 독이 전형적인 예입니다.

남에게 인정받고 싶은 인정욕에 반응했다고 가정해 볼까요? 그러면 '더 높이 평가받는 유능한 나 자신'이나 '남들이 더 많이 좋아해 주는 매력적인 나 자신'과 같은 이미지(망상)를 만들어 낼 것입니다. 이 망상을 좇는 심리 상태가 탐욕입니다.

탐욕은 '지금은 가지고 있지 않은 뭔가를 원하는 마음'이어서 대개 불만(분노)을 동반합니다. 인정욕이 너무 강해서 '나는 더 좋게 평가받아야 마땅하다'고 생각하면 현실에 대한 불평이나 초조함, 누군가를 향한 질투, 열등감 같은 감정을 낳기도 하지요. 그런 감정은 모두 탐욕 때문에 생기는 분노입니다.

지금까지의 설명을 정리하면 '욕구→망상→탐욕→분노'와

같은 흐름을 타고 3가지 독이 순식간에 발생하고 만다는 사실을 알 수 있습니다. 짜증이 나거나 답답한 마음에는 세 가지 독 중 한 가지(혹은 세 가지 모두)가 분명히 존재합니다.

마음의 키워드 4.
마음은 '결생'합니다

욕구가 낳는 대부분의 반응은 강한 에너지를 가지고 있습니다. 그 에너지가 표정, 행동, 감정, 기억을 만들어 내지요.

화가 난 사람은 감정을 표정에 드러내고 불만과 욕설을 내뱉거나, 싸우거나, 화풀이를 하기도 합니다. 또는 저 사람과는 안 맞으니 더 이상 상대하지 않겠다고 판단하거나 불쾌한 기억을 남기기도 합니다.

마음이 강하게 반응해서 이처럼 형태로 나타나는 것이 '결생'입니다. 팔리어로는 sankhāra, 영어로는 mental formation이지요.(전통 불교에서는 sankhāra를 '행行'이라 번역하는데, 그래서는 의미가 제대로 전달되지 않습니다. 결생을 다른 의미로 사용하는 경우도 있지만, 그에 따르지 않고 마음의 진실한 모습에 가장 가까우면서도 이해하기 쉬운 용어를 사용하도록 하겠습니다.)

물론 부정적인 결생만 있지는 않습니다. 뭔가에 감동해서 여운이 남거나, 누군가를 보며 자신도 그렇게 되고자 하는 꿈과 열정을 품은 상태는 결생이 긍정적으로 이뤄진 경우입니다. 마음에 남거나 계속되거나 겉으로 드러나는 반응은 모두 최초의 반응이 결생한 것입니다.

'나를 무시했어!' 끈질긴 분노의 진실

분노에는 '금방 단념되는 분노'와 '좀처럼 사라지지 않는 끈질긴 분노'가 있습니다.

끈질긴 분노의 정체는 무엇일까요? 그것은 아마 다른 사람에게 무시당했다는 생각에서 비롯되었을 가능성이 큽니다. 붓다의 사고법으로 생각하면 그 뿌리에는 인정욕이 있습니다. '남들이 나를 더 소중하게 대했으면 좋겠다'는 욕구가 있기에 다른 사람의 무례한 처사를 받아들이지도, 용서하지도 못하는 것이지요. 인정욕을 충족시키지 못한 데서 오는 분노가 집요하게 계속되는 것입니다.

그렇다면 분노는 언제쯤 가라앉기 시작할까요? 대부분 상대가 머리를 숙여야 가라앉습니다. 누구나 그런 상황이 찾아오기를 기대하지만, 기대(망상)가 이루어지지 않으면 계속 분노하게 됩니다. 남이 자신을 치켜세워 줘도 분노는 가라앉습니다. 자신이 높게 평가받고 있다거나, 남에게 존경받고 있다고 느껴지면 금세 기분이 좋아지기도 하지요. 자존심이 강한 사람일수록 화를 쉽게 내고 끊임없이 분노하는 법입니다. 이런 심리는 '인정욕' 키워드를 알고 나면 완전하게 이해됩니다.

당신을 구원할 사람은
당신뿐입니다

끊임없이 타오르는
불꽃, 반응

우리의 마음은 항상 외부의 자극에 반응하고 있습니다. 앞서 배운 7가지의 욕구를 기반으로 먹을 것은 없는지, 즐거운 일이 없는지, 평가받으려면 어떻게 해야 하는지 끊임없이 추구하고 생각하지요.

되돌아보면 우리의 마음은 태어난 순간부터 한 번도 쉬지 않고 무언가에 계속 반응해 왔습니다. 잠을 자고 있을 때조차 악몽을 꾸거나 커다란 소리에 깜짝 놀라 눈을 뜨곤 합니다. 모두 마음이 반응하고 있어서 일어나는 일입니다.

다시 말하면, 반응은 마음이 하는 일입니다. 반응이 멈추는 때는 마음이 죽는 순간, 곧 생명 자체가 멎는 순간일 테지요.

이처럼 사람이 살아 있는 한 뭔가를 원하고 반응하면서 계속 돌고 도는 마음 상태를 붓다는 '끊임없이 타오르는 불꽃'에 비유했습니다.

> "모든 것은 타고 있다. 눈이 타고, 사물이 타고, 마음도 타고 있다. 마음과 눈과 사물이 닿아 생기는 감각도 타고 있다. 탐욕과 분노와 망상의 불꽃에 의해 타고 있다. 노화와 질병과 죽음, 그리움과 슬픔, 고통과 애욕으로 인한 고뇌의 불길에 타고 있는 것이다."
>
> 《상윳따 니까야Saṃyutta Nikāya》

'타다'를 '반응'으로 바꿔서 읽으면 의미가 깊이 와 닿습니다. 붓다의 사고법이 지닌 특색은 마음을 반응으로써 파악하는 것에 있습니다. 마음의 문제를 푸는 열쇠가 되는 개념이므로 꼭 기억해 두길 바랍니다.

요약하자면 반응은 다음과 같은 흐름을 따라 순식간에 생겨납니다.

마음의 에너지(갈애) → 7가지 욕구 → 욕구에 따라 생기는 여러 반응 → 강한 반응은 결생해서 계속되고, 남고, 겉으로 드러난다.

문제는 반응이 플러스가 아니라 마이너스가 되는 경우입니다. 반응이 분노, 망상, 탐욕에 결생되면 마이너스가 되고, 그것이 우리가 말하는 잡념의 정체인 것이지요.

지금 당신은 무엇에 반응하고 있나요?

우리가 살아 있는 한 마음이 계속 반응한다면 다음과 같이 생각해 볼 수 있습니다.

우리의 인생은 반응 그 자체다. 그러므로 인생이란 반응의 연속체이다.

여기서 더 나아가 볼까요?

'앞으로 어떻게 살아갈까'에 대한 질문은 '앞으로의 현실에 어떻게 반응해 나갈 것인가'에 대한 질문과도 같다.

지금 우리가 하고 있는 반응의 내용이야말로 진지하게 고찰해야 할 주제가 아닐까요? 행복해지고 싶다면 마음의 반응에 더욱 주의를 기울여야 합니다.

마음,
당신의 까다로운 동거인

한 가지 주의해야 할 점은 마음은 반응만 할 수 있다면 대상이 무엇이든 상관하지 않는다는 점입니다. 마음이 하는 일은 반응하는 것 자체입니다. 마음은 반응의 내용이 어떻든 전혀 신경 쓰지 않습니다. 욕망을 쫓아가거나, 분노에 몸을 맡기고 남과 충돌하거나, 어두운 망상을 부풀리는 것 모두 마음에게는 두 팔 벌려 환영할 일입니다.

따라서 사람에 따라서는 후회, 자기혐오, 누군가를 향한 원한, 미움과 같은 마음을 계속 품고 살아가야 하는 일이 일어납니다. 무작정 반응하는 마음에게는 그런 상태가 전혀 고통스럽게 느껴지지 않습니다.

마음은 당신이 평생 함께할 동거인 같은 존재입니다. 이 동거인은 무엇에나 반응합니다. 당신이 괴로우니까 그만두라고 비명을 질러도 계속해서 반응하며 마음속 쓰레기를 쌓을 것입니다. 즉, 말도 안 되게 성가신 상대인 거지요.

지혜로운 반응을
이끄는 사고법

물론 마구잡이로 반응하는 상태는 당신에게 플러스가 되지 않습니다. 가능하면 지금처럼 무절제하게 반응하는 상태를 벗어나 가고 싶었던 방향으로 마음의 키를 돌리고 싶을 것입니다. 그러면 다음과 같은 사고법을 활용해 봅시다.

- 반응을 철저히 제어하자.
- 불쾌하면서 마이너스인 반응을 억누르고, 유쾌하면서 플러스인 반응을 늘리자.

반응이 인생을 결정짓는 데 커다란 역할을 하기 때문에 지혜롭게 반응하는 방법을 배워야 한다는 뜻입니다. 실로 명쾌한 사고법이지요. 붓다는 다음과도 같이 표현하고 있습니다.

"달리는 차를 멈춰 세우듯 끓어오르는 분노를 억눌러라. 마음의 마부가 되어라."

《담마파다Dhammapada》

지금 어떤 반응을 하느냐에 따라 인생의 방향(장래의 모습)이 정해집니다. 그렇다면 앞일을 미리 고민하기보다 현재 마음의 반응을 관찰하고 제어하는 것이 더욱 중요합니다. 이런 발상을 배우는 것만으로도 불교를 배우는 의의는 상당히 큽니다.

지금까지 잡념이 생기는 마음의 구조를 살펴보았습니다. 이번 장을 통해 마음의 성질을 이해하는 동안 앞으로의 인생을 만들어 가야 할 방향도 보였으리라 짐작됩니다. 다음 장에서는 드디어 실전으로 들어갑니다. 지금까지 공부한 내용을 바탕으로 잡념을 버리는 방법을 터득해 나갑시다.

"목적이 정해진 인생은 정돈된 강가를 걷는 것처럼 즐겁다.

명료한 지혜를 배우는 것은 언제나 즐겁다."

《우다나바르가Udānavarga》

제4장

어떻게 하면
잡념을 버릴 수 있지요?

붓다가 가르쳐 주는
3가지 잡념 해소법

여러분은 이제 잡념을 자각하고 분류하는 법과 잡념이 쌓이는 마음의 구조를 알게 됐습니다. 처음엔 종잡을 수 없었던 잡념의 정체가 뚜렷하게 드러났지요.

지금부터는 잡념을 버리는 작업에 들어가겠습니다. 쓸데없는 감정이나 생각, 거센 욕구와 분노, 망상 같은 마음속 쓰레기를 단숨에 타파해 버립시다. 이번 장에서 소개할 잡념을 버리는 3가지 방법을 실천하면 마음의 번뇌가 현저하게 줄어들 것입니다.

붓다의 잡념 해소법 1.
알아차리고 내려놓기

내 마음을 다스리는 첫 번째 방법

'알아차림'은 붓다가 가르친 '번뇌 정화법'의 가장 기본적인 방식입니다. 시험 삼아 지금 한번 해 볼까요? 눈을 감고 이마 언저리를 바라보세요. 무엇이 보입니까? 아무것도 느끼지 않고 생각하지 않는 상태에서는 어둠만 보일 것입니다. 그렇게 '어둠이 보인다'는 사실을 알아차립니다.

얼마간 계속하면 무언가가 느껴지기 시작합니다. 아니, '뭔가를 생각하려는 의식'의 존재를 이미 알아챘을지도 모릅니다. 말로 문장을 만들어 생각하려 하거나, 뭔가를 떠올리려 하거나, 뭔가를 하고 싶어서 마음 깊은 곳에 있는 욕구를 찾으려는 의식을 느끼게 될 것입니다.

더 나아가 가슴 언저리에서도 뭔가가 느껴지지 않나요? 마음이 어수선하지는 않나요? 그것은 분노의 감정일지도 모릅니다. 먼 옛날에 있었던 일에 대한 깊은 분노(실망이나 후회도 포함됩니다)일 수도, 지금 당장 상대해야 하는 사람을 향한 분노일 수도 있습니다. 그런 어수선한 마음을 주의 깊게 느껴 보길 바랍니다.

그 외에 무엇을 느끼게 될까요? 몸의 감각은 어떤가요? 체

온, 옷과 닿아 있는 피부의 감각, 앉아 있는 엉덩이의 감각, 바닥에 대고 있는 발의 감각을 느껴 보세요. 배가 고프거나 피곤하지는 않나요? 이처럼 의식을 갈고 닦아서 전신을 두루 살펴보면 다양한 감각이 존재하고 있음을 알아차리게 됩니다.

머리, 가슴 언저리, 전신에서 일어나는 감각, 사고, 감정을 제대로 알아차리는 것이 잡념을 버리는 가장 첫 단계입니다.

소리 내어 말로 표현하기

다음으로 알아차린 사실을 말로 표현해 보세요. 있는 그대로 말을 내놓는 것입니다.

만일 뭔가를 생각하려는 마음을 알아챘다면 "생각하려고 한다"고 말해 보세요. 이미 생각을 했다면 "생각했다"고 말해 봅시다. 뭔가를 떠올리고 있는 상태를 알아챘다면 "떠올리고 있다", 이미지가 보이는 상태라면 "이미지가 보인다", 가슴이 술렁거리면 "술렁거리고 있다", 분노의 감정이 있으면 "분노가 있다"고 말해 보는 것입니다.

몸의 감각도 마찬가지입니다. "느끼고 있다", "감각이 있다"는 말을 함으로써 알아차려 봅시다. 더우면 "더위를 느낀다"고 말합니다. 그냥 '덥다'고만 하면 단순한 반응이 되므로 '더위를 느낀다'고 객관적으로 표현하는 것이 중요합니다. 마찬가지로 배가 고프면 "공복을 느낀다"고 말합니다. 피곤하면 "피곤함을 느낀다"고 표현하면 되겠지요.

알아차리면 달라질 수 있습니다

불교 수행에서는 '알아차림'을 '사띠sati 를 한다'고 표현합니다(be mindful). 말을 함으로써 알아차리는 것은 '라벨링Labelling'이라고 하지요.

절에서 수행을 할 때는 아침부터 밤까지 이를 꾸준히 실천합니다. 아침에 잠이 깨면 "눈을 떴다", 잠자리에서 일어나면 "일어난다", 걸으면서는 "걷는다, 걷고 있다", 식사하면서 "먹는다, 먹고 있다, 맛을 본다"고 말함으로써 알아차리며, 마음을 다해 하루를 보내는 것입니다.

물론 모든 일을 이와 같이 하면 속도가 느려지겠지만 상관없습니다. 자신의 몸과 마음에 무엇이 일어나고 있는지를 명료하게 알아차리는 것이 수행의 목적이니까요. 더 빨리, 더 효율적으로 하려는 생각은 자칫하면 그 자체로 잡념이 됩니다. 서두르는 것은 마음을 제대로 쓰는 방법이 아닌 것이지요.

잡념을 해소하고 싶다면 매일 하는 동작의 속도를 늦추고 정성 들여 몸과 마음을 바라보면서 알아차리는 훈련을 해야 합니다. 그러면 마음이 차분하게 가라앉고, 잊고 있던 소중한 기억이나 감정을 떠올리게 됩니다.

닥치는 대로 결과를 내려고 서두르기보다 알아차림을 훈련하는 편이 훨씬 머리가 좋아집니다. 사리 분별을 더 잘하게 되고, 집중력이나 기억력도 좋아집니다. 학교나 회사 연수 등에서 사용하면 정말 좋은 방법이지요.

당신을 괴롭히던 잡념, 이제는 안녕

왜 알아차리면 마음이 차분해지고 활성화될까요? 사실 알아차림은 감정이나 사고와는 전혀 다릅니다. 잡념이 있는 상태는 쉽게 말하면 멋대로 느끼고 생각하는 통제 불능의 상태, 즉 마구잡이로 반응하는 상태라고 할 수 있습니다.

사고나 감정이 들끓고 있는 마음의 밑바닥에는 또 한 가지, '의식'이라는 마음의 기능이 존재합니다. 의식은 마음의 가장 깊은 곳에 있는 기능입니다. 의식은 외부의 자극에 반응하기 전의 마음 상태로, 유쾌나 불쾌 등의 반응은 하지 않습니다. 의식은 중립적(무반응)이며, 온화하고도 빈틈없는 강력한 에너지를 가진 마음의 기능입니다.

의식을 사용하는 것이 알아차림입니다. 알아차리면 알아차릴수록 마음의 표층부에서 반응하던 감정이나 사고가 얌전해집니다. 자극하는 대로 반응하던 마음이 알아차림이라는 의식에 의해 억눌려서 조용해지는 것이지요.

우리에게 잡념은 필요 없습니다. 그렇다면 감정과 사고와 알아차림을 분리해 버립시다. 쓸데없이 반응하는 데 마음을 쓰지 말고, 의식을 사용해서 분명하게 알아차리는 것으로 '마음의 용도'를 전환합시다.

쓸데없는 감정(사고)은 필요 없으니 버리기로 결심하고 의식해 봅시다. "분노, 분노", "망상하고 있다", "너무 많은 것을 원하는 마음이 있다. 이건 탐욕이다" 하고 소리 내어 말함으로써 강하게 마음에 새겨야 합니다.

마음에 새기는 힘이 강해지면 잡념은 생겨나는 순간 사라집니다. 불쾌감이 느껴짐을 알아차리면 그 이상의 분노를 만들어 내기 전에 싹 없애 버리게 되는 것이지요. 알아차림을 어떻게 훈련하느냐에 따라 이와 같은 일이 얼마든지 가능해집니다. 잡념을 쌓아 두지 않고 분명하게 사리를 분별하는 투명한 마음을 유지하게 되는 것입니다.

마음에 울타리를 세우면 상처받지 않습니다

제가 상담했던 사례를 하나 소개하겠습니다. 상담해 온 사람은 어떤 기업의 정보 처리 부서에서 일하던 여성이었습니다. 매일같이 업무 전화로 온갖 불평불만과 욕설과 폭언을 들은 탓에 인격을 부정당하는 것 같아서 우울해졌다고 했습니다. 참 괴로운 일이라는 생각이 들었지요.

남에게 욕을 먹거나 비판을 당했다면 어떻게 대처해야 할까요? 불전에 쓰여 있는 붓다의 지혜를 바탕으로 위의 여성이라면 어떻게 해야 상처받지 않을지 정리해 보았습니다.

먼저 '업무 중에는 불쾌함을 느낄 가능성이 높다'는 사실을 알아차립니다. 의식을 이용해서 스스로의 반응을 조심하는 (주의하는) 것입니다. 이때 '마음의 절반을 자신의 반응을 알아차리는 데 쓰는 것'이 바람직합니다. 특히 머리 언저리에 손을 댄 채로 상대방의 목소리를 듣는 방법을 추천합니다. 전화 너머로 목소리가 들리면 '소리에 불과하다'는 것을 알아차리세요. 목소리가 들리고 있는 상태를 확인하고, 대화 내용이 어떻든 그저 소리라는 감각에 지나지 않는다는 사실을 잊지 않도록 하는 겁니다.

감정을 마구 쏟아 내는 상대도 있겠지만 감정에 감정으로 반응할 필요는 없습니다. '감정과 사고는 별개'라고 했던 분류법을 사용해서 '자신이 할 수 있는 일은 무엇인가'만 생각하도록 합시다.

사람은 감정으로 반응하기 때문에 상처를 받습니다. 붓다의 사고법을 활용하면 '지금은 사고만 가지고 반응하자'는 식으로 마음먹게 됩니다. 이렇게 마음을 먹는 자세가 중요합니다.

수화기를 내려놓으면 자신의 내면에 남아 있는 반응을 관찰하여 '반응하고 있다(마음이 요동치고 있다)'고 알아차리세요. 이때 요동치는 마음에 대해서는 이렇게 생각해 봅시다.

'감정은 곧 사라진다. 반드시 사라진다. 그냥 내려놓기만 하

면 된다.'

불교에서는 '곧 반드시 사라지는' 마음의 성질을 '무상無常'
이라고 합니다. 팔리어로는 aniccā, 영어로는 impermanence
이라고 표현하지요. 붓다는 아래와 같은 메시지를 남기기도
했습니다.

"감정은 내버려두기만 해도 사라지는 무상한 것이다."

《맛지마 니까야》

감정을 내려놓는 요령

감정을 내려놓기 위해 활용할 좋은 방법을 한 가지 소개하
겠습니다.

쌓인 감정을 손바닥 안에 넣는 느낌으로 꽉 움켜쥡니다. 그
것이 당신의 마음에 쌓인 감정의 에너지입니다. 이제 내려놓
는다고 생각하면서 손에서 힘을 빼며 부드럽게 살짝 폅니다.
손을 펴고 마음이 안정된 상태가 되면 감정이 사라집니다. 이
상태에 도달하는 것을 목표로 계속 연습합니다.

요약하자면 잡념이라는 마음속 쓰레기를 쥐었다가 버린다
는 느낌으로 손을 펴는 것입니다. 감정이 사라질 때까지 동작
을 반복합니다.

"잊었다" 하고 소리 내어 중얼거리면서 마음에 새기는 방법

도 있습니다. "잊었다, 잊었다" 하고 말하면서 마음에 새깁니다. 붓다의 지혜를 배운 당신은 '의식을 어떻게 쓰느냐에 따라 마음 상태가 달라진다'는 사실을 알고 있습니다. 소리 내서 "잊었다"고 중얼거리는 것만으로도 감정에 마음이 휘둘리지 않도록 막을 수 있습니다.

'알아차리기 팀'을 결성해 보세요

추천하고 싶은 방법이 하나 더 있습니다.

사람은 스스로의 마음을 알아차리는 데는 서투르지만, 남의 일은 그리 어렵지 않게 관찰할 수 있습니다. 개중에는 남의 일에만 관심이 많아서 흠잡거나 욕하기에 여념이 없는 사람도 있지요. 악의를 가지고 남에게 반응하는 상태는 자신에게 마이너스지만, 위로나 격려의 마음을 담아 상대방의 마음을 알아차리는 것은 좋은 일입니다.

직장이나 학교, 가정에서 '알아차리기 팀'을 결성해 보기를 추천합니다. 팀의 규칙은 '상대의 마음을 절대 망상하지 말고', '좋고 나쁨을 판단하지 않는 것'입니다. 상대방의 분위기를 보고 "지금 이런 기분인 것처럼 보인다"는 말로 알려 주는 것이지요.

상대방이 기분 나빠 보이는 표정을 짓고 있으면 "기분이 안 좋아 보이네요. 무슨 일이 있나요?" 하고 말을 걸어 봅니다. 피곤해 보이면 "피곤한 모양이네요" 하고 알아차립니다. 열심히 하는 사람에게는 "열심히 하시네요" 하고 말을 건넵니다.

위와 같이 말을 건네려면 불교의 기본 개념이기도 한 '바른 이해'와 상대의 기분을 최대한 이해하고 감지하려는 자세가 필요합니다. 되도록 친한 사람끼리 짝을 짓거나 여럿이서 팀을 이루어 서로 알아차리는 말을 주고받는 습관을 만들면 좋습니다. 요일을 정해 놓고 매주 '알아차리는 날'을 시행해서 적극적으로 알아차리는 말을 주고받아도 좋습니다. 자신의 심정을 누군가가 알아차려 주길 원할 때 찾아갈 만한 '알아차리는 공간'을 만들어도 괜찮지요.

물론 얼마나 제대로 실천이 될지는 상대방과의 관계에 따라 달라집니다. 꼭 팀을 만들지 않더라도 인간관계에서 알아차림의 발상을 염두에 두고 행동하는 것이 중요합니다.

알아차림은 배려이기도 합니다. 습관화하면 인간관계 개선에 큰 도움을 줍니다. 알아차림을 서로 주고받는 동안 보다 적절하게 전달하는 방법을 알게 되고, 서로에 대한 이해도 깊어지게 되니 꼭 해 보길 바랍니다.

붓다의 잡념 해소법 2.
반응을 전환하기

잡념을 버리는 두 번째 방법은 '전환'입니다.

앞서 말했듯 반응은 자극을 받으면 생깁니다. 어떤 말을 듣고 화가 나면 목소리에 반응해서 분노가 생기지요. 아무리 시간이 지나도 분노가 가라앉지 않는다면 처음의 불쾌했던 기억에 반응한 새로운 분노가 생긴 것입니다. 사실 새로운 분노는 머릿속의 기억에 반응해서 생겨나므로 상대방과는 상관이 없습니다.

반응은 자극과 함께 생겨납니다. 그렇다면 '자극을 바꾸면 반응도 달라진다'는 뜻이겠지요? 굉장히 단순한 발상이지만 여기에는 우리가 유용하게 활용할 지혜가 숨어 있습니다.

만일 상대방에게 분노를 느꼈다면 다른 자극으로 마음을 돌리기 위해 애써야 합니다. 우선 더 이상 반응하지 않도록 상대방과 잠시 거리를 둡니다. 그다음 좋아하는 음식을 먹으러 가는 등 다른 행동을 함으로써 자극을 바꾸고 다른 반응을 유도합니다.

좋아하는 음식을 먹으러 간다는 예를 든 이유가 있습니다. 맛있다는 반응은 본능적인 욕구인 식욕이 충족되면서 생기는 강력하게 유쾌한 반응입니다. 마음은 유쾌함과 불쾌함이라는 반응을 동시에 가질 수 없는 단순한 구조로 이루어져 있습니다. 유쾌함을 느끼면 그만큼 불쾌함은 잦아들지요. 끓어오른 분노를 달래는 수단으로써 먹는 행위에서 오는 유쾌한 반응을 활용하는 것입니다.

불쾌함을 유쾌함으로 대체하는 것이 전환의 비법입니다. 그러니 먹을 때는 최선을 다해 맛을 보는 것이 중요합니다. 텔레비전을 보는 등의 다른 행동을 하면 맛을 온전히 느끼기 어렵기 때문에, 아예 방을 어둡게 하고 눈앞에 놓인 음식에 온 정신을 쏟아 들뜬 마음으로 베어 물고 "맛있다, 맛있어" 하고 중얼거리며 먹기를 추천합니다.

스트레스 해소용 상품은 정말 효과가 있을까요?

스트레스 해소용 상품을 본 적이 있으신가요? 던져서 깨뜨리는 접시, 두드려 패는 고무 인형 등 여기저기에서 정말 다양한 상품이 팔리고 있지요. 이런 상품이 과연 스트레스 해소에 효과가 있을까요? 실제로는 근본적인 약이 되지는 않습니다. 분노를 행동으로 옮기면 '반응의 패턴'이 되어 버리기 때문입니다. 분노로 반응하는 패턴은 그대로 남고 단지 행동으로 옮기는 루트가 하나 더 늘어날 뿐이지요.

어떤 행동을 함으로써 답답한 감정을 해소하는 효과가 있다고 여기는 건 사실입니다. 그러나 쌓여 있던 분노를 단숨에 소모해서 일시적으로 마음이 안정된 듯이 느껴질 뿐입니다. 분노로 반응하는 패턴은 그대로 남아서 이후에 같은 상황이 벌어지면 똑같이 화를 내게 되지요. 그리고 '분노를 뭔가에 부딪쳐서 해소'하려는 사고법에 따라 스트레스 해소용 상품을 다시 사게 됩니다. 결국 근본적인 해결책이라고 보기는 어려운 것이지요.

분노의 감정을 알아차리고 내려놓으면 스트레스가 자연스럽게 해소됩니다. 즐겁고 기쁘다고 느껴지는 무언가로 마음을 전환해도 되지요. 욕조에 몸을 담그고 있어도 좋습니다. 오래 하는 목욕은 스트레스 해소를 위해 가장 많이 쓰이는 방법이라고도 하니까요.

붓다의 잡념 해소법 3.
사실로 돌아가기

마지막으로 잡념을 버리는 간단한 방법을 소개하겠습니다.

아침에 눈을 뜨면 이불 속에서 무슨 생각을 하나요? 누가 했던 심한 말이나 아주 옛날에 저지른 실수 같은 어두운 망상을 하지는 않나요? '왜 내 인생은 이렇게 돼 버렸을까' 하고 자기혐오에 빠지거나, 싫어하는 사람을 향한 분노의 감정을 곱씹지는 않습니까?

이불 속에서 우울한 생각을 하지 않으려면 '사실에 눈을 떠야' 합니다. 눈을 부릅뜨고 그 자리에서 보이는 것을 확인해 봅시다. 방 안이 보인다, 창문 밖이 보인다, 햇빛이 보인다……. '지금 보이는 것'이 바로 현실이며, 지금까지 눈을 감고 생각했던 일들은 전부 망상, 즉 마음속 쓰레기입니다.

망상하고 있는 상태에서 지금 보이는 사실로 돌아갑시다. "보인다!" 하고 분명하게 말함으로써 마음에 새깁시다. 사실을 의식하는 강한 마음에 반비례해서 쓸데없는 망상과 감정은 안개가 걷히듯 사라질 것입니다. '눈을 뜬 사람은 번뇌하지 않는다'고 불전에도 쓰여 있습니다. 참 훌륭한 말입니다.

"보인다!", "서 있다!", "걷고 있다!", "숨 쉬고 있다!" 같은 말을 함으로써 사실로 돌아가도록 합시다. 그것만으로도 잡념은 어둠에 빛이 비치듯 싹 날아가다시피 사라질 것입니다.

바로 지금,
인생의 터닝 포인트

마지막으로 '잡념을 왜 버려야 하는가?'에 대한 근본적인 의문점을 함께 생각해 봅시다. 생물은 유쾌를 추구하고, 불쾌를 멀리하는 양자택일의 프로그램만 가지고 있습니다. 원시 생물이 하는 반응은 먹는 기쁨에서 오는 욕구 충족에 기인한 유쾌한 반응과 위험을 피하는 불쾌한 반응 두 종류뿐이지요.

양자택일의 프로그램은 인간에게도 적용됩니다. 욕구를 충족시켜 유쾌를 얻고자 하고, 위험이나 악의와 같은 불쾌는 피하려는 발상이 마음 깊은 곳에서 작용하고 있습니다. 사람은 결코 불쾌를 받아들이지 않습니다. 불쾌를 확실하게 느끼면 반드시 피하려는 반응 프로그램이 작동합니다. 지금의 자신이나 생활을 바꾸고 싶다면 '불쾌를 자각하는 것'이 결정적인 동기가 될 것입니다. 현재의 상태가 싫다는 마음을 분명하게 의식해야 합니다.

'이렇게 살아서는 아무 의미가 없다.'

'이대로는 나중에 반드시 후회한다.'

위와 같이 알아차리고 분명하게 이해하는 순간 인생의 터닝 포인트가 찾아올 것입니다. 어떤 상황에 처하든 불쾌밖에 느껴지지 않는 상태를 견뎌야 하는 이유는 없습니다. 그것은 생물에게 주어진 프로그램을 근본적으로 거스르는 일이기 때문입니다.

자신에게 맞는
진실을 찾아서

승려인 저는 왜 출가했느냐는 질문을 많이 받습니다. 이유를 한마디로 말하면 '당시의 제가 더 이상 스스로에게 기쁨이 되지 못했기 때문'입니다. 제 이력에는 중학교 중퇴, 열여섯 살에 가출, 도쿄대를 졸업하고 인도에서 출가 등 '탈출'과 관련된 사항이 많습니다. 어떤 장소에서도 납득이 가지 않는 느낌이 남아서 그렇습니다.

도쿄대에 입학해 봐도 결국 허영심이나 자존심을 지켜 줄 만큼 우월한 장소에 속해 있다는 것 외에는 아무런 의미가 없었습니다. 그 또한 저의 개인적인 반응에 지나지 않는 면도 있겠지만, 당시에는 그런 느낌을 강하게 받았습니다. 스스로 느끼기에 즐겁고 기쁨이 되거나, 어떻게 이 사회의 개선에 공헌할지에 대한 발상이 아니었습니다. '더 우월하고 유리한 곳으로 가야 한다'는 발상으로 삶의 방식을 결정하려는 가치관을 가진 사람만 눈에 들어와서 커다란 실망과 의문에 휩싸이고 말았습니다.

대학을 떠나서도 삶을 다르게 사는 방식을 찾고 싶다는 생각에서 벗어나지 못했습니다. 세간의 잣대에 맞춰 편하고 단순하게 살면 될 텐데, 도무지 그럴 수가 없었던 것이지요. 직장도 여러 번 바꿨습니다. 오랜 기간 혼자 어둠 속을 헤매듯이도 저도 아닌 심경으로 지내는 나날이 계속됐습니다. 그러던 중, 30대 중반에 들어서서 문득 깨달았습니다.

'아무래도 내 생각이 근본적으로 틀린 것 같다. 이렇게 살아봤자 의미가 없다.'

그때부터 신기하게도 불교에 이끌렸습니다. 일본의 절을 찾아가 보기도 했지만, 납득할 만한 답은 찾지 못했습니다. 일본에는 더 이상 갈 곳이 없다고 깨닫고는 큰맘 먹고 인도로 건너갔습니다. 결과는 성공적이었습니다. 출가승이라는 새로운 길을 찾은 것이지요.

출가승을 한마디로 정의하자면, 자신의 편의를 따르지 않고 자신에게 맞는 진실에 따라 세상을 사는 종족입니다. 진실이란 무엇일까요? 불교에서는 진실을 번뇌에서 벗어난 깨달음의 경지, 혹은 모든 생명의 행복을 비는 자애의 마음이라고 정의하고 있습니다. 저는 두 가지의 진실에 깊게 납득했습니다. 과거에 어떤 곳에서도 충족되지 않았던 이유가 무엇이었는지도 알게 됐지요. 불교가 가르치는 삶의 방식(마음에 번뇌를 쌓아 두는 일 없이 자애에 기초한 삶)은 오랫동안 떠돌아 다녔던 일본의 어떤 곳에서도 보지 못한 것이었습니다.

'자신에게 맞는 진실을 따라 사는 삶'이 무엇보다도 중요하지 않을까요? 진실은 사람에 따라 다를 것입니다. 저는 붓다의 가르침에 구원받았지만, 진실에 도달하는 길은 각자 다르게 열려 있으리라고 생각합니다.

옛날에 헤매면서 걸어왔던 길을 되돌아보고 또 하나 느낀 점이 있습니다. '자신에게 맞는 진실을 포기해서는 안 된다'는 점입니다. 세상에는 이러이러한 것을 얻으면 행복해진다는 가치관이 만연합니다. 학교에서는 좋은 성적을 받아야만 하고, 사회에 나가면 어떤 회사와 직업이 좋고 수입이 어느 정도 돼야 성공한 삶인지를 따져서 사람의 가치를 저울질하는 잣대가 넘쳐 납니다. 요즘 시대에는 세상의 방식에 들어맞지 않는 자신을 부정하며 어두운 분노를 떠안고 사는 사람이 많습니다.

붓다의 지혜를 배우고 나서 자신에게 맞는 진실과 세상이 생각하는 진실은 전혀 다르다는 생각이 들었습니다. 물론 둘이 일치하면 상관이 없습니다. 사회의 가치관 안에서 만족한다면 아무런 문제가 없지요. 다만 지금까지 사회의 가치관에 맞춰 살아오면서 기쁨이 되는 일이 별로 없고 행복과 동떨어져 있는 듯한 느낌을 받았다면, 그 가치관이 자신에게 맞는 진실과는 좀 다르다는 발상을 해봐도 좋다는 것입니다.

물론 그렇다고 세상의 제도나 가치관을 버려야 한다는 뜻은 아닙니다. '사회가 어떤 사고(가치관)로 움직이든 자신에게 맞는 진실과는 상관없다'는 것뿐입니다. 스스로의 가치를, 이 생명을 결코 부정하면 안 됩니다. 자신에게 맞는 진실을 가슴에 품고 일상을 살면 됩니다. 어디에서 무엇을 하며 살든 마음을 기댈 곳, 즉 '마음의 축'을 확실하게 정하고 살아가면 됩니다. 자기 자신을 기준으로 한 삶의 방식과 자립된 사고법을 찾아 나가야 함을 잊지 마세요.

붓다의 삶의 방식이었던 출가승의 길에는 자유로운 발상이 있습니다. '어떤 장소에 있든 오직 한 갈래로 난 자신의 길을 마음에 두고 살아간다'는 사고법이지요. 이것은 '삶의 방식'이지 세간의 직업이나 경력과는 무관합니다. 누구든 마음먹기에 따라 얼마든지 구축할 수 있는 인생의 토대입니다. 그런 자유로운 경지에 서야만 이 세상의 내부에서 살아가는 기쁨 또한 발견할 것입니다.

제5장

유형별 잡념 해소법
하나,
인간관계를 잘 맺고 끊기

유형별 해소법으로
잡념 지워 버리기

지금까지 잡념을 해소하는 기본적인 방법을 소개해 보았습니다. 이번 장에서는 '유형별 잡념 해소법'을 살펴보겠습니다. 마음을 어지럽히고 있는 잡념을 유형별로 나눠서 그에 맞는 가장 효과적인 해소법을 소개하는 것이지요. 함께 살펴볼 주제는 인간관계, 삶의 방식, 생각하는 방식에 뿌리내린 '착각', 성격, 과거와 미래입니다.

풀리지 않는 인간관계,
어떻게 하면 좋을까요?

먼저 인간관계에서 생겨나는 잡념을 해소하는 방법을 생각해 봅시다. 우리가 남들과 엮이는 일이 전혀 없다면 지금 있는 잡념과 고민의 대부분이 해소될지도 모릅니다. 그 정도로 인간관계는 우리에게 친숙한 문제이자 인생 자체라고 해도 과언이 아닙니다.

붓다는 인생에 따라붙는 고통을 8가지로 나누었습니다. 살아 있는 것, 늙는 것, 병에 걸리는 것, 죽는 것, 남과 헤어져야만 하는 것, 원하는 바를 얻지 못하는 것, 실체 없는 마음, '싫은 상대와도 관계를 맺어야만 하는 것'들입니다.

병에 걸리거나 나이를 먹는 것 이상으로 인간관계가 고통스러울 때가 있지요. 실제로 수많은 사람들이 인간관계로 골머리를 앓습니다. 우리에게는 '남과 관계를 맺으면서 잡념을 쌓지 않아도 되는 사고법'이 필요합니다. 상대방에게 몹시 화가 나면 어떻게 할 건가요? 남이 알아주지 않는 외로움, 소외감, 하고 싶은 말을 못 하는 스트레스, 남이 하는 말과 행동에 일일이 반응하고야 마는 이 마음을 도대체 어떻게 처리해야 할까요? 인간관계를 '확실하게 맺고 끊는 사고법'은 없을까요? 붓다의 사고법을 활용하면 모든 문제가 해결됩니다.

인간관계 정리법 1.
선 긋기

우선 스스로 제어할 수 있는 일과 그렇지 못한 일에 확실하게 선을 그읍시다. 사람에게는 스스로 제어하지 못하는 것을 제어하려는 경향이 있습니다. 늙어 갈 수밖에 없는데 언제까지나 젊음이 유지되기를 바라거나, 자신과 아예 다른 존재인 타인이 자기 생각대로 움직이기를 바라기도 하지요. 결국 늙어 감을 한탄하거나, 말을 전혀 듣지 않는 상대에게 화를 내게 됩니다.

붓다는 마음대로 안 되는 현실을 제어하려고 드는 마음의 본질로 눈을 돌렸다는 점에서 천재적입니다. 붓다는 기존의 사고방식과는 완전히 반대되는 발상을 내놓았습니다. 고통스러우면 바깥 세계를 바꾸려 하지 말고 자신의 마음을 바꾸면 된다고 생각한 것입니다.

"집착을 내려놓아라. 집착이야말로 고통의 원인이다."

《상윳따 니까야》

앞서 언급했지만 집착이라는 단어는 '붙들고 늘어지는 마음 상태'를 의미합니다. 깔끔하게 포기할 수 없는 마음, 기대를 버리지 못하는 마음이지요. 상대방에게 분노를 느끼는 이유는 대개 '상대방이 자기 뜻대로 움직이길 바라는 기대' 때문이며, 그 기대를 놓아 버리지 못하는 상태가 바로 집착입니다.

냉정하게 생각해 봅시다. 상대방을 자신의 뜻대로 움직이는 것이 과연 가능할까요? 시험 삼아 근처에 있는 사람을 지그시 바라보며 오른손을 들라고 중얼거려 보십시오. 상대방이 오른손을 들고 있는 모습을 또렷하게 상상해 보십시오. 그렇게 한다고 해서 그 사람의 오른손이 올라갈까요? 상대방은 어리둥절해서 이쪽을 쳐다보거나, 잘못 알아듣고 다른 반응을 보일 것입니다.

우스꽝스러운 예시지만 우리가 남에게 거는 기대는 이와 별반 다르지 않습니다. 오른손을 들라고 상대방에게 요구합니다. 손을 들고 있는 상대방을 망상합니다. 망상대로 손을 들어 주지 않는 상대에게 화를 냅니다. 어리석은 짓이지요.

'뭔가 이상한데? 내가 지금 말도 안 되는 착각을 하나 봐.'

인간관계에 불만을 느꼈다면 일단 위와 같이 생각해 봐도 괜찮습니다. 그런 후 다음과 같은 사고법에서 출발했으면 합니다.

'나와 상대방 사이에 선을 긋자.'

인간관계 정리법 2.
내 일에 집중하기

나와 타인 사이에 선을 그었다면, 다음으로는 '나의 영역'에 집중하는 방법을 써야 합니다. 우리가 제어할 수 있는 것은 자신의 몸과 마음뿐입니다. 상대방을 보지 말고 '내가 지금 해야 할 일은 무엇인지'를 생각해야 합니다. 불전에는 이런 메시지가 있습니다.

"남의 일 때문에 내가 할 일을 내팽개쳐서는 안 된다.
내 일을 숙지하고 해야 할 일에 전념하라."

《담마파다》

뜻대로 되지 않는 상대에게 매달려서 화를 내는 행동, 솔직히 우습지 않나요? 자신의 마음을 상대방에게서 분리해서 다른 할 일을 찾아본다면 얼마나 많이 발견될까요. 남을 향한 분노는 달리 말하면 썩은 내를 풍기는 마음속 쓰레기입니다.

주위를 둘러보면 풍요로운 가능성의 장이 펼쳐져 있습니다. 우리가 할 수 있는 일은 무궁무진합니다. 어쩌면 그 일은 서로 맞지 않는 상대에게 연연하지 않고 주위에 공헌할 만한 일일 수도 있습니다. 자신의 장래를 준비하는 일이거나, 전념할 만한 즐거운 일이거나, 마음이 맞는 사람과 어울리는 일일 수도 있지요.

'유쾌하면서 플러스가 되는 일'을 계속해서 해 나갑시다. 그 편이 훨씬 즐겁고 이득입니다. 앞으로는 상대를 향한 분노에 사로잡힐라치면 이렇게 힘주어 말해 보는 게 어떨까요.

"이러면 안 되지. 내 일에 집중하자."

인간관계 정리법 3.
자애를 베풀기

사람은 한번 좋지 못한 생각에 얽매이면 쉽게 떨쳐 버리지 못합니다. 인간의 마음은 참 흥미롭습니다. 자신을 기분 나쁘게 만든 상대가 있으면 계속 신경이 쓰여서 끊임없이 눈으로 좇곤 합니다. 상대방이 말하는 방식이 마음에 안 들거나(짜증 난다) 웃음소리가 거슬리는(기분 나쁘다) 등 신경 쓸 필요도 없는 점들이 눈에 들어와서 혼자 화를 내기도 하지요.

마음의 성질을 토대로 생각해 보면 위의 예시들은 마음에 생겨난 불쾌함이 '이런 점이 싫다'는 판단(억측)에 결생된 상태입니다. 판단은 사고의 일종입니다. 감정과 사고를 분리하는 방법은 앞에서 이미 배웠습니다. '싫다'는 감정과 '이런 점이 싫다'는 판단(사고)을 분리해 봅시다. 감정은 알아차리고 내려놓으면 됩니다. '이런 점이 싫다'는 판단에는 다른 사고를 덧대서 다음과 같이 생각해 보세요.

> "저 사람은 나한테 미움을 받기 위해 살고 있는 게 아니다."
> "나는 저 사람과 대립하려고 여기서 일하는 게 아니다."
> "저 사람도 열심히 살고 있다. 저 사람에게도 나름대로 괴로운 일이 많다."

이것은 자애에 기초한 붓다의 사고법입니다. 결국 마음을 먹을 때는 상대를 배려하는 자세가 가장 중요합니다. 그런 배려가 흐려진 상태가 곧 잡념이지요. 잡념은 스스로 해결해야 할 문제이지, 상대방과는 아무런 관계가 없습니다.

안 맞는 사람과 엮여야만 할 경우에 생각할 것은 딱 하나, '이 사람과 어떤 업무를 하면 되는가' 하는 점입니다. 일하는 현장에서는 업무만 생각해야 합니다. 상대방과의 관계에 선을 긋고, 감정과 사고를 분리하고, 자신이 해야 할 일이 무엇인지 찾아서 업무 레벨에 사고를 맞춥시다. 이와 같은 방식을 활용하면 인간관계의 고통은 상당히 줄어듭니다.

'이번 생은 글렀어', 당신의 발목을 잡는 질투와 인정욕

인간관계를 맺고 끊는 법을 토대로 인간관계에서 생기는 구체적인 잡념 해소법에 대해 생각해 봅시다. 먼저 '질투'라는 잡념을 해소하는 방법부터 살펴보겠습니다.

당신은 질투에 얼마나 친숙한가요? 제 도량에 오는 사람들을 대상으로 어떤 잡념이 가장 많은지 설문 조사를 해보았습니다. 질투가 비교적 많이 손꼽혔습니다. 질투란 자기보다 외모가 뛰어나고, 돈이 많고, 머리가 좋고, 성격이 좋고, 좋은 평가를 받고, 인기가 있는 사람, 즉 '자신에겐 없는 무언가'를 가진 사람을 향한 감정입니다. 질투를 3가지 독으로 분류하면 '분노'에 해당됩니다. 그래서 이유 없이 화가 나는 심리와 질투는 닮은 구석이 많습니다.

그렇다면 직접적으로 싸움을 하지도 않은 상대에게 왜 분노를 느낄까요? 전통 불교에는 마음을 상세하게 분석하는 불교심리학Abhidhamma이라는 분야가 있습니다. 불교심리학의 지식을 빌리면 질투는 다음과 같이 분석할 수 있습니다.

첫째, 전형적인 질투인 '시샘issā'은 자신에게 없는 것을 상대방이 가진 상태를 향한 분노입니다. 형제지간에 물건을 놓고 다투다 형이 모두 가져가 버려서 치사하다고 생각하는 심리나, 예쁨 받는 신입 사원을 보고 저것도 한때라며 내심 배알이 꼴리는 심리 등이 있습니다.

둘째, 자신이 가진 것을 남도 가진 상황이 용납되지 않는 분노macchariya입니다. 이것은 과잉된 욕구(탐욕) 중에서도 특히 독점욕이 만들어 내는 분노인데, 몇 가지 종류가 있습니다.

- 자신이 가진 것을 나눠 주려 하지 않는 마음, 아까워하는 마음, 구두쇠 심보.
- 남이 자기와 같은 취급을 받는 것이 불쾌하고, 자신만 특별 대우를 받고 싶다는 특권 의식.
- 자신 외에는 다 불행해지고 망했으면 좋겠다는 악의, 극단적인 치졸함.
- 자신도 갖고 있지만 남이 더 많이 가진 것이 불만인 시샘.

질투에도 이처럼 여러 종류가 있습니다. 사전에도 나오지 않고 현대 심리학으로도 전부 분석하지 못하는 미묘한 차이를 불교는 구별해 냅니다. 이러한 붓다의 가르침이 불교라는 종교의 틀에서 벗어나서 더욱 널리 활용됐으면 하는 바람입니다.

이번 생도
괜찮을 수 있습니다

다양한 질투에 숨겨진 분노는 어디에서 생겨날까요? 답은 앞서 언급했던 7가지의 욕구에서 찾을 수 있습니다.

질투는 인정과 평가를 받고 싶어 하는 격렬한 인정욕이 만들어 냅니다. 질투라는 심리를 달리 표현하면 '나도 저렇게 되고 싶다'는 생각이나, '나만 더 칭찬받고 싶다'는 바람입니다. 질투의 표면적인 종류는 여러 가지여도 결국 인정욕이라는 단순한 욕구가 모든 질투의 핵심에 존재합니다. 이렇게 '욕구를 향해 거슬러 올라가는 사고법'에 익숙해지길 바랍니다.

단도직입적으로 '이 욕구를 채우려면 어떻게 하면 좋을지' 생각하는 습관을 들여야 합니다. 당신이 질투를 느낀다면 인정받고 싶다는 욕구를 솔직하게 받아들이는 것에서부터 출발하세요. 그런 다음 인정받을 방법을 생각하는 것입니다.

직장에서 자신보다 좋은 평가를 받는 사람에게 질투를 느꼈다고 가정해 봅시다. 그 상황에서 무엇을 생각하면 좋을까요?

상대방에게 분노의 화살을 돌리거나 훼방을 놓는 행위는 자신에게 마이너스입니다. 그럴 때는 '어떻게 해야 인정받는가'에 대해 솔직하게 생각해 봅니다. 지식이나 능력으로 인정받을지, 아니면 그 외에 어떤 방법이 있는지 여러 요소를 고려하다 보면 당신의 장점을 발휘할 부분을 발견하게 될 것입니다.

'욕구→욕구를 충족시킬 방법을 모색'과 같은 단도직입적인 사고가 몸에 배면 쓸데없는 생각에 마음을 빼앗기지 않습니다. 또한 '욕구를 채우는 방법은 사람마다 다르다'는 점도 중요합니다. 남과 다른 행동을 하겠다는 자세를 원칙으로 삼아야 합니다.

우리는 곧잘 주위 사람들과 똑같은 행동을 함으로써 같은 평가를 받으려고 합니다. 그런 발상으로는 자신만의 매력을 발휘하지 못해서 오히려 고생을 하게 됩니다. 물론 남과 같은 행동을 하면 안심이 될지도 모르지요. 그러나 자신의 가치를 최대한 발휘하지 못하는 상태를 대가로 해서 얻는 안심이기 때문에 큰 성과를 기대하기는 어렵습니다. 용기를 내서 다른 발상을 해 보십시오. 누군가에게 질투를 느낄 때, 바로 아래와 같이 생각해 보는 겁니다.

'(저 사람과는) 다른 일을 하라는 신호로구나.'

오늘도 '싫다'고 말하지 못한 당신에게

착한 사람이
스트레스를 받는 이유

인간관계에서 생기는 대표적인 잡념 중 한 가지인 '하고 싶은 말을 못 해서 쌓이는 스트레스'에 대해서도 생각해 보고자 합니다. 직장이나 가정에서 본심을 말하지 못하거나, 착한 사람인 척하느라 좀처럼 거절을 못 하는 사람이 많습니다. 보통 역학 관계에서 약자 쪽에 있는 사람이 자주 느끼는 불만이지요. 부하 직원이 상사에게, 자식이 부모에게 느끼는 경우가 많습니다.

이런 역학 관계에서 아래에 자리하는 사람의 스트레스나 마음의 잡음은 상당히 심합니다. 이를 붓다의 사고법으로 해소할 수 없을까요? 우선 상황을 있는 그대로 바르게 이해하는 것부터 시작해 봅시다.

'하고 싶은 말을 하지 못한다'는 말은 사실일까요? 하고 싶은 말을 해 버리는 선택지는 없을까요? 태도를 바꿔서 무뚝뚝한 얼굴로 "지금 기분 안 좋으니까 나중에 얘기하실래요?" 하고 말하거나, "바쁘니까 딴 데 가서 알아보세요" 하고 무표정으로 일축해 보면 어떨까요? 하고자 하면 할 수 있는데도 대부분의 사람들은 하지 못합니다. 자신이 그렇게 하는 것을 바라지 않기 때문이지요.

바로 여기에 중요한 포인트가 있습니다. 불교에는 '인생은 마음이 만든다'는 개념이 있습니다. 마음 없이는 다른 사람과의 관계, 현재의 생활, 지금까지 인생에서 해 온 경험도 모두 불가능하다고 이해하는 편이 옳습니다. '심중心中'의 개념을 토대로 생각하면 '말을 못 한다'는 수동적인 표현이 옳지 않다는 것을 깨닫게 됩니다. '말하지 않는다'는 의지적인 표현이 바른 표현이지요.

역학 관계는 존재할지 몰라도 거절의 한마디를 할지 말지는 결국 자신의 의지로 정하지 않나요? 다른 사람의 눈치를 보느라 거절하지 못하는 것이 아니라, 스스로 거절하지 않는 쪽을 선택한 것 아닐까요? 이것을 파악하느냐 하지 못하느냐에 따라 사고방식이 확연하게 달라집니다.

'사고가 거쳐 온 길'을 되짚으면
드러나는 진실

'나의 의지로 말 안 하는 쪽을 선택했다'는 발상
으로 전환하면 문제를 순조롭게 해결할 수 있습니다. 물론 발
상의 전환을 쉽사리 받아들이지 못하는 사람도 있습니다. 실
제로 '말하고 싶어도 상대방 때문에 못 하게 된다'는 불만을
가진 사람이 많지요. 그 불만을 어떻게 해소할지가 또 하나의
포인트가 됩니다.

여기서도 붓다의 지혜인 분류의 사고법을 활용해 보겠습니
다. 감정과 사고는 별개라고 했던 분류법을 모방해서, 이번엔
'욕구와 사고는 별개'라고 생각해 봅시다. 우선 말하고 싶은
욕구를 있는 그대로 인정합니다. 그 욕구는 당연히 있는 것이
지요. 그런 다음 자신이 어떻게 욕구에 반응했는지 생각해 봅
니다. 자신이 어떻게 생각했었는지, 사고가 거쳐 온 길을 꼼꼼
하게 되짚어 보십시오.

'거절하면 화를 낼지도 몰라.'

'내 평판을 떨어뜨리고 싶지 않아. 이번엔 참자.'

분명 위와 같은 여러 가지 생각을 했을 것입니다. 상대방을
딱하게 여긴 마음이 있을지도 모르겠습니다. 본심을 말하면
어떤 결과가 나올지 미리 짐작해 보고, 그것을 피하기 위해 말
하지 않겠다는 결단을 내리지는 않았을까요?

말하고 싶다(욕구)

↓

하지만 말을 하면 이런 일이 벌어진다(사고)

↓

그렇다면 말하지 않겠다(판단)

위의 과정을 사실 그대로 받아들이세요. 그러면 '말하지 않는다'는 표현이 옳다는 사실을 이해하게 될 것입니다.

당신, 아직
고민하고 있나요?

머리로는 이해하지만 그래도 한마디 해 주고 싶은 마음이 남아 있어서 고민인가요? 그럼 이렇게 생각해 보세요.

'욕구는 당연히 존재한다. 그러나 모든 욕구를 채울 필요는 없고, 채우려고 한다고 해서 전부 충족될 리도 없다.'

사람의 마음은 요령이 좋아서 몇 가지의 욕구를 동시에 가질 수 있습니다. 가능하다면 이것저것 다 갖고 싶은 욕구는 누구에게나 있지요. 다만 '욕구가 몇 개나 있다'는 사실과 '모든 욕구를 채워야만 한다'는 착각은 다릅니다. 후자의 착각만 놓아 버리고 생각하도록 합시다.

'거절하고 싶은 마음도 있는 게 정상이다.'

'나는 말하지 않기로 했다. 여러 가지로 생각하고 배려해서 말하지 않는 쪽을 선택했다.'

그런 선택을 한 당신에게 해 주고 싶은 말이 있습니다.

말하지 않는 나 자신을 자랑스럽게 생각했으면 합니다.

당신의 배려로 도움을 받은 사람이나, 입 밖에 내지는 않지만 감사하고 있는 사람이 아주 많을 테니까요.

몰라도 상관없는
옆 사람 생각

'알려고 하는 마음'이
문제의 시작입니다

인간관계를 둘러싼 잡념 중 마지막으로 타인의 생각을 궁금해하는 잡념을 다뤄 보겠습니다. 상대의 마음을 알 수 없으면 당신은 어떻게 하나요? 그 사람이 어떤 생각을 할지 혼자서 망상하지는 않나요? 주변 사람들에게 그 사람이 무슨 생각을 하는지 묻거나, 점쟁이에게 그 사람의 마음을 알려 달라고 부탁하지는 않나요? 신문의 인생 상담 코너에 투고하거나 마인드 리딩에 관한 책을 읽은 적은 없나요?

붓다의 사고법으로는 어떤 것도 정답에 해당되지 않습니다. 앞으로는 '몰라도 된다'고 생각합시다. 무신경한 얘기처럼 들릴지도 모르겠지만, 여기에는 불교적인 깊은 의미가 담겨 있습니다. 원래 남의 마음은 알 수 없는 법입니다. 태어난 시간, 장소, 성장 환경은 사람마다 다르지요. 서 있는 곳과 보이는 경치도 다를뿐더러 두뇌나 신체의 생김새도 완전히 다릅니다. 같은 것을 보고 같은 말을 하는 듯 보여도 받아들이는 마음은 완전히 다른 것입니다.

알 길 없는 상대방의 마음을 이리저리 망상해 보고 알려고 하는 행동 자체가 잡념입니다. 그 결과로 관계가 문제없이 지속되면 상관없지만, 일방적으로 생각을 부풀린 탓에 상대방에 대해 아예 갈피를 못 잡거나 관계가 틀어지는 일도 많습니다.

저는 직업상 자녀가 있는 부모에게서 상담을 요청받기도 합니다. 사이가 틀어진 가정일수록 부모가 자녀의 마음을 멋대로 망상하고 있지요. 너무나 알고 싶은 나머지 자녀의 마음이 이러저러할 것이라고 상상하고서 결국은 '무슨 생각을 하는지 전혀 모르겠다'는 고민에 빠지고 맙니다. 실제로 사이가 틀어진 경우를 살펴보면 '남의 마음을 추측해서 이해하려는 발상 자체가 잘못됐다'는 실감이 강하게 들고는 합니다.

남의 마음을 아는
단 한 가지 방법

제가 실제로 체험한 경험을 바탕으로 보면 남의 마음을 읽으려 점을 치고, 인생 상담을 하고, 마인드 리딩을 시도하는 것은 결코 올바른 방법이 아닙니다. 모두 망상으로 남의 마음을 이해하려는 착각 행위이지요. 그럼 남의 마음을 아는 방법은 없는 걸까요? 한 가지 있습니다. 바로 상대방에게 직접 묻는 방법입니다. 이 또한 인정머리 없어 보이는 대답이지요? 하지만 가장 정확한 방법이랍니다.

붓다는 어떻게 남의 마음을 이해하려고 했을까요? 그야말로 '직접 물어보는 것'만 했습니다. 불전을 보면 붓다는 전혀 망상을 하지 않았던 사람이었습니다. 대단한 일이지요?

붓다의 제자 중에 문제를 일으킨 사람이 있다고 가정해 봅시다. 다른 제자들이 붓다에게 고합니다. 붓다는 아무것도 판단하지 않고 감정을 일으키지도 않습니다. 그냥 제자를 데려오라고 할 뿐입니다. 붓다는 그 제자에게 '이렇게 들었는데 정말이냐'고 직접 확인합니다. 제자가 그렇다고 하면 '그 ……는 어떤 것이냐'고 질문합니다. 제자의 대답을 듣고 '그럼 이렇게 물을 테니 대답하라'는 식으로 극히 엄밀하고도 논리적으로 '바른 이해'를 이끌어 냅니다. 그런 다음 '이렇게 하라'는 방법을 제시해 주지요. 붓다는 그 방법만 가지고도 모든 문제를 해결해 보였습니다.

붓다는 사람의 마음이 잡념에 물들어 있다는 사실을 잘 알고 있었습니다. 사람의 마음에는 욕심, 분노, 망상 등이 가득 들어차 있습니다. 사람들의 생각과 말은 잡념투성이인 마음으로부터 나옵니다. 당사자가 하는 말도 틀린 것투성이이며, 하물며 제삼자가 하는 말은 전혀 믿을 수가 없습니다. 붓다는 정말로 알아야 할 필요가 있다면 직접 당사자에게 물어보고 확인했습니다. 단순하고도 확실한 방법을 철저하게 실천했던 것입니다.

붓다의 사고법을 이용하면 인간관계는 아주 단순해집니다. '필요한 것은 물어본다'. '필요 없는 것은 모르는 채로 놔둔다'. 그뿐이지요. 이는 '자신과 타인 사이에 선을 그어서' 인간관계를 확실하게 맺고 끊는 방법이며, '모르는 채로 놔두는 것도 배려'라는 크고 넓은 마음가짐을 갖는 방법입니다.

한편 상대방에게 물어보지 못하는 상황도 있기 마련입니다. 그럴 때는 어떻게 해야 할까요? 아무리 알고 싶은 마음이 강해도 결코 망상으로 치달으면 안 됩니다. 모르는 것은 그저 모르는 대로 놓아둬야 합니다. 그것은 상대방을 위한, '몰라도 된다'고 생각하는 배려입니다.

마음을 자유롭게 유지한다면 남의 마음을 몰라서 고민하는 일은 없습니다. 혹시 상대와의 관계가 끊어졌다 하더라도 '몰

라도 된다', '행복하게 지낸다면 상관없다'는 밝고 열린 생각을
하도록 노력해야 합니다. 그러면 재미있게도 상대방과 다시
마음을 터놓을 기회가 문득 찾아오기도 합니다.

제6장

유형별 잡념 해소법
둘,
집착 내려놓고 착각 바로잡기

어느 쪽도 아닌
당신의 행복 쪽으로

모든 실패에는
이유가 있습니다

누구나 셀 수 없이 많은 실패를 해 왔습니다. 상대를 오해하고 관계를 끊은 것만이 전부가 아닙니다. 자신이나 삶의 방식에 관해서도 잘못된 동기나 사고방식 때문에 많은 실수를 저질러 왔고, 지금도 저지르는 중이지요. 사람이 실수를 하는 데는 몇 가지 이유가 있습니다.

- 바른 '목적'을 몰랐다.
- 바른 '방법'을 몰랐다.
- 바른 '노력'을 하지 않았다.

팔리어로 sammā, 영어로 right라 표현하는 '바르다'는 말은 도덕 교과서에나 나올 법한 표현 같습니다. 이는 붓다의 가르침 안에서 '효과적인effective', '합리적인rational'이라는 뜻을 가지기도 합니다.

인생의 목적을 '행복'에 놓을지, '복수'나 '후회'에 놓을지에 따라 인생의 전개가 완전히 달라집니다. 행복이라는 목적을 달성하기 위한 방법으로 좋은 생각을 키워 나갈지, 일시적인 욕망이나 허영심을 채울지에 따라서도 목적을 이룰 가능성은 천지 차이로 벌어지지요. 도중에 타협하거나 노력을 게을리했을 때 성공하지 못하는 것은 당연한 결과입니다.

모든 실패는 이 3가지 중 어느 하나가 결여됐을 때 나타납니다. 사람은 실패하면 '운이 없었다'며 한탄하거나 '저 사람 때문이다', '그 일이 없었다면 분명 잘 풀렸을 것'이라고 무언가를 탓하곤 합니다. 그러나 실패의 원인은 이 3가지 요소가 갖춰지지 않은 데 있습니다.

사고의 실패를 막으려면?

잡념 역시 마음을 사용하는 목적과 방법과 노력을 몰라서 일어난 '사고의 실패'라 할 수 있습니다. 바르게 마음을 쓰는 법을 몰라서 저도 모르게 쓸데없는 반응을 하고 잡념을 쌓아 두는 것입니다.

이번 장의 목적은 잡념과 연결되는 '사고의 실패'를 막는 데 있습니다. 그러기 위해서는 잘못된 사고, 속된 말로 '착각'이라는 것을 바로잡아야 합니다.

- 일할 때 의욕이 안 생긴다. – 이것은 착각이다.
- 이기는 게 미덕이다. – 이것도 착각이다.
- 하고 싶은 게 뭔지 모르겠다. – 이것도 착각이다.

세간에서 흔히 말하는 '의욕(동기 부여)'이나 '승리'는 사실 잘못된 개념입니다. 그런 것에 의존하지 않아도 열심히 일할 수 있고, 생기 넘치게 살 수 있으며, 성공과 행복을 얻을 수 있다는 것이 붓다의 사고법입니다. 이번 장에서는 그 부분에 대해 살펴보도록 하겠습니다. 이런 것도 착각이었냐며 놀랄 만한 이야기도 등장할 것입니다.

붓다의 가르침은 세속적인 가치관과는 정반대인 면이 있습니다. 그렇다고 이해하기 어려울 정도는 아니며, 이유를 듣고 나면 깊이 수긍하게 됩니다. 불교를 배우는 재미는 세속의 발상을 거스르면서 마지막에는 깊이 수긍할 수밖에 없다는 점에 있습니다. 붓다의 사고법을 배울수록 삶이 자유로워지며, 발상이 넓어지고, 용기가 생기지요.

　이번 장에서 소개할 붓다의 사고법과 당신의 평소 사고방식을 비교해 보길 바랍니다. 행복을 향한 가장 합리적인 사고법은 무엇인지 함께 생각해 봅시다.

우리를 둘러싼
의외의 착각들

착각 1.
의욕이 안 생겨요

일반적으로 의욕은 중요한 동기 부여로 여겨집니다. 회사의 경영자에게는 사원들이 계속 의욕적으로 일하도록 만드는 것이 커다란 과제이지요. 최근에는 의욕이 없어서 고민인 사람들도 꽤 있습니다. 붓다의 사고법으로는 이러한 고민에 다음처럼 답할 수 있습니다.

'의욕에 집착할 필요는 없다.'

다소 무뚝뚝한 답이기는 하나 의미를 곰곰이 생각해 봅시다. 의욕이란 무엇일까요? 어떤 일에 뛰어들 때의 열정이나 뭔가를 하고자 하는 마음가짐을 뜻합니다. 과연 의욕이 정말 중요하고 필요한 것일까요? 의욕이 없으면 의욕이 있는 상태와 동일한 수준의 일과 생활을 하지 못할까요?

불교에서는 뭔가가 없으면 어떻게 되는가를 생각하는 소거법을 자주 이용합니다. 철저하게 비판적으로 생각함으로써 어떤 일의 본질적인 의미를 알게 되면 다른 발상도 할 수 있기 때문입니다. 우선 의욕이 그 정도로 중요한지 생각해 봅시다.

의욕에 의존하는 발상을 하면 어떤 일이 일어날까요? 의욕이 없으면 움직이려고도 하지 않고, 대충 해도 된다는 발상을 갖게 됩니다(7가지 욕구 중 나태욕). 의욕이 느껴지지 않으면 모든 것이 재미없고 허무하게 느껴지며, 이대로도 괜찮은지 걱정하기 시작하면서 온갖 잡념이 생겨나게 됩니다. 급기야는 의욕을 더 느낄 만한 일(직장)을 찾고 싶어서 모처럼 얻은 일을 도중에 내팽개치기까지 하지요. 대학을 갓 졸업하고 취직한 신입 사원의 이직률이 30퍼센트를 넘는다는 얘기도 있습니다.

한편 성실한 사람은 의욕이 없어도 자신을 채찍질해 가면서 열심히 하려고 노력합니다. 그래서는 마음에 스트레스만 쌓이고 일의 능률도 오르지 않지요.

더 나아가 의욕에 조건을 다는 사람도 있습니다. '월급을 올려 준다면', '원하는 자리에 앉혀 준다면' 의욕을 가지고 열심히 하겠다고 말합니다. 그 의욕의 정체는 더 많은 월급이나 높은 직위를 원하는 사욕입니다. 사욕을 채우기 위해 의욕을 교환 조건으로 내세우는 것입니다. 이런 사람들이 공헌할 수 있는 일이라곤 대수롭지 않은 것들뿐입니다.

의욕에 집착하는 발상으로는 초라한 결과만이 나옵니다. 불교에서는 '마음은 무상하다'는 개념을 대전제로 깔고 있습니다. 무상이란 '지속되지 않는 것'입니다. 마음은 반응이며, 자극에 따라 어떤 식으로든 변화합니다. 생겨난 반응은 반드시 소멸하지요. 뭔가에 반응하는 현상은 죽을 때까지 계속되지만, 하나하나의 반응은 생겨나고 사라지는 무상한 것입니다.

의욕도 마찬가지입니다. 한때는 불타올라도 반드시 사라지지요. 상황에 따라 이리저리 변하기도 합니다. 누구나 겪은 경험이 있을 것입니다. 그렇게 보면 의욕은 매우 불안정하고도 위태롭습니다. 하지만 마음이 긍정적으로 작용해서 생겨나기에 대부분의 사람들은 의욕에 의지하고 싶어 합니다.

의욕을 가지고 시작한 일이 잘 진행된다 하더라도 일시적인 상황에 불과합니다. 의욕에는 한계가 있어서 언제까지고 의지할 수는 없다는 뜻입니다. 여기서 다음과 같은 발상으로 넘어가 봅시다.

'의욕을 계속 유지하면 좋겠지만, 의욕이 없어도 지속적인 동기 부여를 얻을 수는 없을까?'

결론을 이야기하기에 앞서 승리라는 가치관에 관한 착각을 먼저 소개하겠습니다.

착각 2.
승부에 연연해요

'승리를 지향하는 것도 착각'이라고 하면 놀라서 기절초풍할 사람도 있을 것입니다. 그만큼 사람들은 승리를 미덕으로 여깁니다. 세상에는 고소득, 고학력, 높은 지위, 아름다운 용모와 같이 손에 넣으면 인정받는 가치와 기호가 있습니다. 그런 것들을 얻으면 승리했다고 여기지요. 남과 비교해서 어느 쪽이 어떤 가치를 얼마나 많이 가졌는지를 놓고 승패를 가르는 것입니다. 사회에는 분명 그런 사고방식이 존재합니다.

"나의 인생은 싸움의 연속이다"라고 말했던 사람이 생각납니다. 그는 초일류 고등학교, 초일류 대학, 초일류 관청이라는 엘리트 코스를 밟아 투자 고문이 돼서 거액의 수익을 벌어들인 사람입니다. 일본 사회에서 말하는 승자의 편에 속해 있지요. 세속적인 가치관으로 보면 승리로 분류되는 것을 여럿 거머쥔 사람입니다. 그러나 붓다의 사고법으로는 다음과 같은 관점을 취할 수 있습니다.

- 그 사고방식에 진심으로 만족한 적이 있었는가?
- 그 사고방식에 현재 만족하고 있는가?
- 그 사고방식으로 장래에 만족을 얻을 가능성이 있는가?

만일 3가지 모두 '아니오'라는 대답이 나온다면 그 사고방식은 잘못됐을 가능성이 높습니다. 스스로 만족하지 못하는 삶의 방식을 택한다면 타인이 아무리 인정해 준들 행복해지지 못합니다.

당신의 마음, 승리로는 채워지지 않습니다

인생의 싸움에서 계속 이기는 것만으로 만족하지 못하는 본질적인 이유가 있습니다. 세상이 가치 있다고 인정하는 기호(지위, 수입, 경력, 학력 등)는 '그것을 손에 넣었다는 데에 가치가 있다'는 판단, 즉 사고에 지나지 않기 때문입니다.

앞에서 이미 다루었지만, 붓다는 마음에 5가지 요소가 있다고 가르쳤습니다. 감각, 감정, 사고, 의욕, 의식입니다. 불교의 오래된 용어로는 이것을 '오온五蘊'이라고 합니다. 5가지를 한데 모았다는 뜻입니다. 사회적인 기호를 손에 넣어 승리했다고 판단하는 것은 '사고'에 포함됩니다.

사고는 사고일 뿐이라는 것을 이해하길 바랍니다. 사고는 마음의 다른 4가지 요소를 대신하지 못합니다. 아무리 승리를 증명할 기호를 긁어모아 봤자 사고라는 마음의 일부분만 충족될 뿐, 그로 인해서 마음 전체가 충족되는 일은 없습니다. 사고만으로는 마음의 다른 요소들인 감각, 감정, 의욕, 의식까지 충족시키지 못하기 때문입니다. 다른 요소가 충족되지 못하면 뭔가 부족하다는 허전함이나 갈증을 느끼게 됩니다. 세상 사람들이 승자의 편이라고 여기는 인생이 행복해 보이지 않는 이유가 거기에 있습니다.

그래도 여전히 이기고 싶습니까?

승리는 사고에 지나지 않다는 사실을 깨닫는 사람이 있는 반면, 경쟁에서 이겨야만 살아남는 현실이라 승리는 여전히 필요하다고 생각하는 사람도 있습니다. 승패에 관한 이야기는 아직 끝나지 않았습니다. 이번 장의 최종 목표는 승리마저도 손에 넣게 해줄 보다 크고 안정된 동기 부여가 무엇인지 밝히는 것에 있습니다. 그 전에 승리로는 마음이 전부 채워지지 않는 이유에 대해 확실하게 설명하고 싶습니다.

사람은 왜 사회적인 승리와 성공을 뒤쫓는 걸까요? 바로 인정받고 싶다는 인정욕을 가지고 있어서입니다. 더 높은 곳을 지향하거나 자존심을 소중히 여기는 것도 자신의 가치를 인정받고 싶다는 강한 욕구 때문이지요.

욕구는 끊임없이 뭔가를 원하는 마음의 에너지입니다. 끊임없이 원하는 성질과 충족된 상태는 본질적으로 어울리지 않습니다. 즉, 욕구에 기대어 살려고 하는 한 만족할 일은 영원히 없습니다. 이것은 상당히 중대한 진실입니다.

자신의 가치를 인정받고 싶은 마음 하나로 학력주의 사회의 정점을 찍고, 경력을 쌓고, 많은 돈을 벌어들여도 싸움은 끝나지 않습니다. 여전히 인정받고 싶다는 목마른 욕구가 뿌리에 있지요. 뒤집어 말하면 지금의 자신은 인정받기에 충분하지 않다는 불만족스러운 상태로 살고 있기 때문입니다. 욕구만 가지고 살고자 하면 사람은 착각에 빠지게 됩니다.

붓다가 깨달은 마음의 장치

욕구를 중심으로 살면 결코 충족되지 못하는 '마음의 장치'를 인류 사상 처음으로 간파한 사람이 붓다입니다. 붓다의 속명은 고타마입니다. 석가 족의 왕자인 고타마는 당시에 얻을 수 있는 부와 지위, 사치와 명성을 모두 가진 신분이었습니다. 고타마는 생각했습니다.

"사람은 언젠가 반드시 늙고 병들어 죽게 된다. 그렇다면 노쇠와 질병과 죽음을 멀리하고 쾌락을 쫓는 인생에 어떤 의미가 있을까?"

《앙굿따라 니까야Aṅguttara Nikāya》

"부귀영화를 누리며 살아도 나중에 반드시 고통이 찾아온다. 그것을 극복할 방법을 찾아보자."

《맛지마 니까야》

그리하여 수행의 길을 나선 고타마는 35세에 마음의 진실한 모습을 완전히 바르게 이해한 경지인 깨달음에 도달하게 됩니다. 그때 붓다는 다음과 같이 중얼거렸다고 합니다.

"계속해서 뭔가를 원하는 마음의 장치를 드디어 간파했다. 옛날의 나는 마음에 휘둘려서 오랫동안 고뇌해 왔다. 그러나 마음의 정체를 드디어 완전히 알게 되었다. 이제 더 이상 뭔가를 원함으로 인해 마음의 갈증과 공허를 느끼는 일은 없으리라."

《담마파다》

붓다가 도달한 진리는 무엇이었을까요? 인간의 마음에는 무언가를 계속 원하는 격렬한 욕구가 있습니다. 마음의 정체를 모르는 인간은 욕구에 휘둘려 '뭔가를 가지면 행복해진다'고 생각하지요. 그런 과정을 되풀이하는 것으로는 마음이 결코 충족되지 않습니다. 괴로움의 연속에서 벗어나는 길은 단한 가지입니다.

마음의 장치와 욕구의 정체를 이해하고 그에 얽매이지 않는 것. 자유로운 경지에 도달하는 것.

바로 붓다가 도달한 지점이었다고 생각됩니다. 일단 승패에 연연하는 사고방식이 어째서 착각인지를 정리해 봅시다. 승리라는 사고만으로는 마음은 결코 채워지지 않습니다. 인정받고자 하는 욕구로 승리를 지향하면 아무리 노력해도 만족에 영원히 도달할 수 없습니다. 그렇다면 승리에 집착하는 사고방식이 착각이라는 결론밖에는 나오지 않습니다.

인생의 열쇠가 되어 줄
'이질적인 동기 부여'

'깨달아 버린' 이후,
붓다는 어땠을까요?

　의욕도 승패도 착각이라면 우리는 무엇을 목적으로 삼고 살아가야 할까요? 다시 한 번 붓다의 생애를 살펴봅시다. 붓다는 무엇을 목적으로 깨달음 이후의 반생을 살았을까요? 붓다는 세계 3대 종교 중 하나인 불교의 창시자입니다. 틀림없이 대단한 열정을 가지고 가르침을 전파했으리라고 상상하기 쉽지요.

　불전을 읽어 보면 다음과 같은 진실이 드러납니다. 붓다가 깨달음을 얻었을 때가 35세였습니다. 6년이나 계속된 시행착오 끝에 독자적인 수행법을 고안해서 깨달음의 경지에 이르렀지요. 깨달음이란 번뇌가 전혀 없고 근원에 있는 마음의 반응이 완전히 정지된 상태, 마음의 기능과 프로그램을 해체하고 완전히 빠져나온 경지를 말합니다. 깨달음을 얻은 붓다는 흥분하지 않았습니다. 그는 오히려 주저했습니다.

"이 진리는 너무나도 깊고 정묘精妙하다. 집착을 기쁨으로 여기는 속세의 사람들은 도저히 이해할 수 없으리라. 아무리 가르침을 전파해도 아무도 알아듣지 못한다면 헛수고가 아닐까. 차라리 아무것도 하지 않는 편이 낫다."

완전히 의욕을 상실한 상태나 마찬가지입니다. 깨달음을 얻었으니 더 이상 열의를 가지고 뭔가를 해야 할 필요가 없는 것입니다. 붓다는 뒤이어 생각했습니다.

"연꽃에는 빨간 것, 파란 것, 흰 것이 있다. 수중에 피는 연꽃도, 수면에 피는 연꽃도, 물 위까지 뻗어서 물에 젖지 않는 연꽃도 있다. 그처럼 세상에는 다양한 성질과 기연機緣을 가진 사람이 있다. 나는 이미 근심을 초월하지 않았는가. 이제 나를 위해 할 일은 없으니 가르침을 듣는 자가 있다면 진리의 길을 전하도록 하자."

《상윳따 니까야》

'달리 할 일이 없으니 이해하는 사람이 있을지도 모른다는 가능성을 보고 한번 가르쳐 보겠다'는 점이 흥미롭지 않나요?

붓다가 가르침을 전하기 시작한 것은 자신의 기쁨을 위해서도, 누군가를 향한 의무나 사명감을 가져서도 아니었습니다. 딱히 하고 싶지는 않지만 더 이상 할 일이 없고, 자신이 하지 않으면 진리를 이해할 사람이 영원히 나타나지 않을 것 같으니 가르침을 전해 보자는 몹시도 담담한 선택이었던 겁니다. 불전에 묘사된 붓다의 심정을 읽다 보면 이처럼 신기하다면 신기한 이야기도 발견됩니다.

욕심을 버리면
남는 목표는 단 하나

승리도, 사욕의 만족도 인생의 근본적인 목적은 되지 않습니다. 알다시피 그런 만족은 오래 지속되지도 않고, 불만이 영원히 우리를 따라다니지요. 붓다의 사고법으로는 불확실하고 위험한 동기를 인정하지 않습니다.

그럼 어떤 동기를 인정할까요? 최종적으로는 한 가지밖에 남지 않습니다. 바로 자기 이외의 누군가에게 공헌하는 것입니다. 이 결론을 흔해빠진 '도덕론'으로 받아들이면 옳지 않습니다. 오히려 마음의 성질을 토대로 엄밀하고도 논리적으로 생각하고 나서야, 사람에 따라서는 많은 실패를 거듭하고 나서야 최종적으로 도달하는 진실입니다.

우리는 다른 사람의 행복에 공헌하지 못하면 살아가기 어렵습니다. 지금의 생활을 뒷받침해 주는 돈이나 물건들은 어디에서 왔을까요? 아무것도 하지 않고 손에 넣은 것은 하나도 없습니다.

부모로부터 뭔가를 물려받았다면 자녀로서 사랑받았기 때문이고, 결혼해서 가정을 이루었다면 상대방에게 자신의 존재가 기쁨이 되었기 때문이며 돈을 벌며 살고 있다면 노동을 해서 타인에게 가치 있는 무언가를 제공했기 때문입니다. 이처럼 우리는 누군가에게 가치 있는 무언가를 건네준 대가로 가치 있는 것을 얻게 됩니다.

어떤 인생을 살든 공헌을 하지 않고서는 살아가지 못합니다. 공헌은 부정할 수 없는 가치를 가졌다는 점에서 바른 동기 부여가 됩니다. 이처럼 사욕을 만족시키고자 하는 동기 부여와는 다른 것을 '이질적인 동기 부여'라고 부르겠습니다. 어떤 삶과 사고방식을 택하든 공헌이야말로 제외할 수 없는, 바른 '이질적인 동기 부여'인 셈입니다.

영원한 동기 부여,
'자애'

논리적이고 비판적인 붓다의 사고법으로 생각하면, 승리나 사욕의 만족을 최우선으로 하는 세상의 가치관과 구조는 대부분 착각으로 이루어져 있습니다. 실제로 많은 사람이 '사회의 착각'을 이미 알아채지는 않았을까요? 특히 오늘날은 삶의 방식의 폭과 인생의 선택지가 극히 제한돼 있습니다. 승리자라느니 패배자라느니, 부유하다느니 빈곤하다느니 하는 양자택일의 잣대밖에 보이지 않는 시대에서 사욕을 뒤쫓는 삶이 과연 얼마나 행복을 가져다줄까요?

그보다 '누군가의 행복에 공헌하고 도움을 주자'는 동기를 가지고 사는 편이 훨씬 마음이 안정되고, 중간 과정에서의 만족도 얻지 않을까요? 이것이야말로 불교에서 말하는 '자애에 기초한 삶'의 길입니다.

'자애'란 누군가의 행복을 비는 마음입니다. 사욕을 동기로 삼지 않고 남의 행복을 위해 자신이 할 수 있는 일을 먼저 생각하는 것이지요. '이질적인 동기 부여'를 가지고 산다면 자신의 인생에 확신을 가지게 되고 승리와 성공 같은 가치를 충족시킬 기회도 훨씬 늘어날 것입니다.

마음이 오갔던
새벽 식사 시간

개인적인 추억을 하나 이야기해 보겠습니다.

10대 무렵의 저는 고등학교에도 가지 않고 도쿄에서 혼자 살고 있었습니다. 저녁이 되면 전철을 타고 아르바이트를 하러 갔었지요. 아르바이트를 하던 곳은 도쿄에 있는 작은 인쇄 회사였고, 동료는 50대의 아주머니와 말을 못 하는 예순이 넘은 남성이었습니다. 휴식 시간은 새벽 3시가 넘어야 했는데, 모두 함께 모여서 즉석 도시락을 먹었습니다.

어려서부터 집에 내가 있을 곳이 없다고 느껴져 열여섯에 가출을 했습니다. 대화 상대는 휴대용 라디오와 도서관에서 빌려 오는 책뿐이었지요. 어둠 속에서 숨을 죽이고 사는 조용한 나날이었습니다.

그런 저에게는 눈앞에서 재미있는 이야기를 하거나 옛날 추억을 회상하는 어른들이 왠지 이상한 생물처럼 여겨지기도 했고, 그들의 얘기를 듣고 있으면 굉장히 기쁘고 편안한 느낌이 들기도 했습니다. 사람과 만나서 관계를 맺는 것만으로도 즐거웠고, 지금도 변함없이 그렇게 느끼고 있지요.

직장에서 일을 하면서도 누군가와 관련된다는 것 자체가 즐겁다는 마음으로 했습니다. 예전에 있던 직장에는 그야말로 남의 인격을 송두리째 부정하려 드는 성가신 상사도 있었습니

다. 어떤 동료는 극심한 스트레스로 쓰러지기까지 했지요. 그
럼에도 제 마음에 동요가 일었던 적은 별로 없었습니다. 아마
관련되는 것 자체를 즐기는 좀 별난 동기 부여가 있었기 때문
이라고 생각합니다.

일을 하면 반드시 누군가와 관련되고, 그 과정에서 여러 가
지 대화가 오갑니다. 때로는 엇갈리거나 감정적으로 대립하는
일도 있습니다. 그러나 누군가와 관련되고 마음을 주고받는
일은 혼자서는 결코 할 수 없는 일이어서 그 자체만으로도 귀
중한 현상이 아닐까요. 저는 사람과 관계를 맺는 것에서 오는
기쁨과 즐거움을 계속 맛볼 수 있기를 바랍니다.

당신은 '이것' 안에서
살아가고 있습니다

뭘 하고 싶은지 모를 때는
그냥 단순하게 사세요

의욕, 승패와 관한 착각과 더불어 '뭘 하고 싶은지 모르겠다'는 생각 역시 보편적인 착각입니다. 자신이 무엇을 원하는지 모르면 멈춰 서 있을 수밖에 없습니다. 진로를 결정하지 못하는 모라토리엄 상태의 젊은이만 여기에 해당되는 것이 아닙니다. ('모라토리엄 상태'란 사회심리학적인 용어로, 지적·육체적·성적인 능력에서 한 사람 몫을 할 수 있음에도 사회인으로서의 의무와 책임을 유예하는 상태를 말하지요.)

사무직에 종사하는 어떤 여성은 "주위에서 승진 시험을 보라고 권하는데, 정작 내가 그 자리를 원하는지 잘 모르겠다"며 제게 상담해 왔습니다. 붓다의 사고법으로 보면 착각입니다.

저는 "승진을 하고 싶은지 아닌지는 문제가 되지 않는다"고 대답했습니다.

사람들은 왜 그렇게까지 하고자 하는 마음의 유무에 집착할까요? 첫째로는 아까 언급했던 '의욕' 때문입니다. 의욕을 중심으로 생각하니까 '하고 싶은 일이 반드시 있어야 하고, 그 일을 하고자 하는 마음도 있어야만 한다'고 여기는 것이 아닐까요?

의욕에 집착할 필요는 없습니다. 욕구 이외에 동기 부여가 될 만한 것을 찾는 게 중요합니다. 그 일을 함으로써 '남에게 공헌을 할 수 있는지', '어떤 도움이 될 수 있는지'를 먼저 생각해 봐야 합니다.

남에게 공헌이 되는지는 혼자서 정하지 못합니다. 오직 상대방의 평가와 사람들과의 관계 안에서 성립되기 때문입니다. 어떤 일을 혼자서 결정할 수 없거나 무엇을 하고 싶은지 모른다면 상대에게 맡겨 보면 됩니다.

모라토리엄에 빠진 청년이라면 자신을 필요로 하는 곳에 가서 일을 해 보십시오. 사무직 여성이라면 승진 시험을 한번 쳐 보는 편이 낫습니다. 자신이 어떤 직위에 어울리는지, 조직에 공헌할 수 있는지는 다른 사람들이 평가해 줄 것입니다. 인생에 관한 모든 답을 혼자서 낼 필요는 없습니다. 아무리 생각해도 답이 나오지 않는 일은 있기 마련이고, 혼자서 낸 결론이 옳다는 보장도 없기 때문입니다.

집착하지 말고 벗어나세요,
괜찮습니다

'의욕이 안 난다', '승부에 연연한다', '뭘 하고 싶은지 모르겠다'는 생각은 욕구에서 비롯된 착각입니다. 스스로의 욕구에 집착할 필요는 없습니다. 당신의 마음속을 지배하던 착각에서 벗어나세요.

모든 고민은 생각에 너무 집착해서 생겨났을 가능성이 높습니다. 자신의 기대와 욕구를 중심에 두고 있으면 마음이 초조해지거나 생각이 많아지고, 다른 사람과 대립하면서 일이 꼬이기도 합니다.

이제는 자신을 내려놓고 편해져도 됩니다. '다른 사람들에게 공헌하는 것만으로도 충분하다'고 생각하고, 누군가와 관련되는 것 자체를 기쁨으로 여기세요. 만약 자신의 마음을 잘 모르겠다면 다른 사람이 판단하도록 맡겨 보면 됩니다. 그런 식으로 '관계 안에서 살아간다'는 발상을 해야 혼란을 느끼지 않고 편안한 마음으로 살 수 있습니다.

붓다가 전하는
'최고의 동기 부여'

아무도 생각하지 못한 의외의 쾌락

인생을 최고로 즐겁게 해줄 강력한 동기 부여인
'집중하기'를 소개하겠습니다.

일반적으로 말하는 집중은 시험 점수를 올리거나 지적 능력을 높여서 출세하려는 욕구를 충족시키기 위한 수단으로 정의되고 있습니다. 알다시피 욕구의 만족을 동기로 삼는 것은 이치에 맞는 사고라고 하기 힘들지요. '뭔가를 하기 위해서 집중해야 한다'는 생각 또한 커다란 착각입니다. 집중하는 행위 자체를 얼마든지 목적으로 삼을 수 있으니까요.

불교에서는 집중이라는 말을 '한 점에 의식을 쏟아붓는 일 正定'로 정의합니다. 팔리어로는 ekaggatā, 영어로는 one-pointedness이라고 표현하지요. 한 점은 하나의 대상을 뜻합니다. 절에서 수행하며 호흡을 할 때는 코끝의 감각이나 배가 부풀었다 줄어드는 움직임에 의식을 집중합니다.

'의식'은 감정이나 사고 등의 다양한 반응이 생겨나는 근원에 존재하는 마음의 에너지입니다. 의식을 하나의 대상에 쏟아붓는 상태가 지속되는 것이 진정한 집중입니다. 거기에 잡념은 없으며, 다른 반응도 절대로 일어나지 않습니다.

고도의 집중 상태는 사격이나 양궁 시합에서 쉽게 볼 수 있습니다. 시합 중에 선수의 표정은 멈춰 있습니다. 과녁의 한 점에 의식을 쏟아 쓸데없는 반응을 억누르죠. 평소의 표정은 시합이 끝나고 나서야 비로소 돌아옵니다. 그처럼 '아무런 반응이 없는 상태'야말로 온전히 집중하고 있는 상태입니다.

이것만으로 세상에서
가장 행복한 사람이 될 수 있습니다

불교의 수행에서는 '극도의 집중'을 굉장히 중요시합니다. 수행을 하는 동안 하루 종일 자극에 반응하지 않고 눈앞의 일에 모든 의식을 쏟아붓습니다. 청소하거나 식사하는 동안에도 한 점에 집중해서 임해야 하지요.

그러면 쓸데없는 반응이 사라지고 집중력이 점점 강해집니다. 감각이 갈고 닦이고 마음이 치밀하게 작용하면서 깊은 차분함을 얻습니다. 마음이 한없이 맑아져서 세상이 몹시 밝아 보입니다. 시간의 감각이 사라지고 일순간이 길게 늘어난 듯이 느껴지기도 합니다. 행복하다는 생각이 북받쳐 오르기도 하지요.

고도의 집중 상태를 만들기는 쉽지 않지만, 쓸데없는 생각이나 감정이 개입되지 않은 채 작업에 집중하기만 해도 충분히 즐거워질 수 있습니다. 일이나 공부가 재미없는 이유는 내용이 문제가 아닙니다. 행위에 집중하지 못하기 때문입니다. 집중할 수만 있다면 어떤 작업이든 즐거운 법입니다.

저는 한번 결심하면 무슨 일이 있어도 집중합니다. 버마의 승원에서는 아침에 혼자 화장실을 청소하는 일에 열을 올렸습니다. 몸의 움직임에 주의하면서 집중해서 임하면 그것만으로도 기분이 좋습니다. 다른 수행승들은 일과로 주어진 청소를 빼먹고 수다에 꽃을 피우면서 혼자 열심히 하는 제게 "재패니즈!" 하며 갈채를 보내곤 했지요.

당신이라면 '잡념투성이'와 '한 점에 집중한 상태' 중 어느 것을 택하겠습니까? 잡념투성이인 상태에 과연 이득이 있을까요? 정신이 산만해지고 기분은 나빠집니다. 그 상태로는 무엇을 하든 잘 풀리지 않습니다. 집중하는 힘은 어떤 것을 목표로 삼든 꼭 필요합니다. 목표와는 상관이 없더라도 집중이라는 행위를 통해서 최고로 상쾌한 기분을 맛볼 수 있습니다.

집중하는 행위를 목적으로 삼는 것이 붓다의 사고법입니다. 붓다는 당시 인도의 최강국이었던 마가다의 국왕 빈비사라와 자신을 놓고 다음과 같이 이야기했습니다.

"왕은 몸을 움직이지 않고 말을 하지 않으면서 일곱 날 일곱 밤을 완전히 행복할 수 있습니까? 나는 그럴 수 있습니다. 그러면 왕과 나 중에서 진정으로 행복한 사람은 누구입니까?"

《맛지마 니까야》

붓다가 든 예는 극단적이지만 진실이 숨겨져 있습니다. 잡념을 없앤 고도의 집중 상태에서 맛볼 수 있는 행복은 그만큼 강렬하고도 달콤합니다. 조금 고차원적인 이야기라 어렵게 느껴질 수도 있지만, 하나의 발상으로써 기억해 두고 참고로 삼으면 좋을 듯싶습니다.

집중 상태에 들어가는 것을 목적으로 삼으면 즐거워집니다. 즐겁게 일하면 반드시 성과를 올릴 수 있습니다. 결과적으로 행복해질 가능성이 훨씬 높아지는 것이지요. 집중이야말로 최고의 동기 부여입니다.

고도의 집중력을
만드는 비결

집중에 관한 이야기가 나온 김에 집중력을 높이는 비결을 소개하겠습니다. 먼저 '목표물을 한 지점에 모은다'는 느낌으로 목적을 정확하게 정하는 것이 중요합니다.

공부를 하고 있다면 지식을 얻을지, 문제를 푸는 방법을 찾을지 정합니다. 일을 하고 있다면 리서치를 할지, 기획을 짤지, 발표용 자료를 준비할지, 사람과 만날지, 그 외의 작업을 할지를 정한 후 기한을 설정합니다.

목적은 상황에 따라 구체적으로 정하는 것이 좋습니다. 목적을 정했으면 '지금부터 (몇 시까지) 이러러한 일을 하겠다'고 소리 내어 말해 스스로 확인하고, 그 일에 의식을 쏟아부으려고 노력합니다.

그렇게 노력하려고 하면 잡념이 생겨날 것입니다. 앞서 배운 '알아차리고 내려놓는 방법'을 써서 어떤 잡념이 있는지 살펴봅시다. 특히 마음의 4가지 요소인 감각, 감정, 사고, 의욕 중 어디에 해당되는지 생각해 봅니다.

집중을 제일 많이 방해하는 요소는 감정입니다. 짜증이 나거나 풀이 죽었다면 "감정, 감정" 하고 소리 내어 말해 스스로 알아차립니다. 감정이 있음을 정면으로 받아들여서 휘둘리지 않도록 하는 것이지요.

감정뿐만 아니라 사고도 자주 등장합니다. 지금 하려는 일과는 상관없는 생각거리가 맥락도 없이 떠오를 수도 있습니다. 그러면 "생각했다", "생각하려고 한다", "사고가 산만해졌다", "지금 생각해야 할 것은 따로 있으니까 거기에 의식을 집중하자"고 말하며 마음에 새깁시다.

욕구 때문에 배가 고프거나 잠이 오기도 합니다. 그럴 때는 세수를 하거나 가볍게 운동을 해서 '전환'합니다. 그래도 욕구가 사라지지 않는다면 무리해서 거스르지 맙시다. 가볍게 식사를 하거나 잠깐 눈을 붙여 욕구를 가볍게 해소해 주는 것도 한 방법이니까요. 식욕처럼 육체와 연결된 욕구는 상당히 강력합니다. 거슬러도 이기지 못할 가능성이 높지요.

그런 후 한 점에 의식을 쏟는 작업을 계속합니다. 여기가 결정적인 부분입니다. 자동차를 운전하려면 시동을 걸고 기어를 넣어서 천천히 속도를 올립니다. 마음도 집중에 박차를 가하기까지 어느 정도 회전수가 필요합니다. 되도록 곁눈질(반응)하지 말고 작업을 계속할 수 있도록 힘씁니다.

집중 상태로 들어가는 법은 다른 반응을 알아채고, 한 점에 의식을 집중하여, 일정 시간 계속하는 것입니다. 3가지를 균형감 있게 갖춘다면 고도의 집중 상태를 경험할 것입니다. 이것은 붓다가 가르친 수행법의 큰 틀입니다. 회사 일, 가사 노동, 공부 등에 꼭 활용해 보길 바랍니다.

당신에게만 들려주는
나의 이야기

이 이야기는 참고삼아 읽어 주길 바랍니다.

중학교 시절의 저는 성적에 일희일비하는 반 친구들에게 흥미를 잃어 갔습니다. 선생들은 학생이 공부를 하는지만 신경 썼습니다. 교실에 앉아 있는 일이 전혀 기쁘지 않았지요.

집에서는 신경질적이고 간섭만 하는 아버지와 심하게 대립했습니다. 스트레스가 심해서 자다가 이를 무척 갈았습니다. 제가 낸 이 가는 소리에 놀라 잠에서 깰 정도였습니다.

중학교 2학년 중반쯤에 즐거움이란 감정이 완전히 사라지고 말았습니다. '이대로라면 죽을 만큼 재미없는 인생을 살겠다'는 예감이 들었지요. 중학교를 자퇴하고 가출해서 상경했을 때가 열여섯 살의 여름이었습니다.

공부는 혼자 할 생각이었습니다. 그러나 시간표도 시험도 없고, 가르쳐 주는 선생님이나 상담할 수 있는 친구들도 없었습니다. 시중에 파는 참고서를 사서 도서관에서 공부하려고 해도 좀처럼 손이 가질 않았고 생활은 점점 불규칙해져 갔습니다. 그러다 '이 상태로 대학에 갈 리가 없다'는 생각이 들자 공부를 완전히 포기하고 말았습니다.

열일곱의 겨울 무렵 우울증에 걸렸습니다. 부모님, 학교, 제가 처한 현실 모두가 증오스러웠습니다. 제가 그리 된 건 그들 탓이며, 제 인생은 완전히 실패했다고 생각했습니다. 너무나도 어두운 분노에 삼켜졌습니다. 방에서 한 발짝도 나가지 않았습니다.

밤에 혼자 누워 있으면 눈물이 났습니다. 마치 우주에 홀로 남은 기분이었습니다. 방에 있던 널찍한 붙박이장 안으로 기어 들어가서 그 안에 형광등과 책을 들여놓았습니다. 새까만 어둠 속에서 실컷 잠을 잤습니다. 전화기도 없었고, 아무도 찾아오지 않았습니다. 저는 완전히 혼자였습니다. 잠에서 깨어도로 잠들지 못할 때에만 책을 읽었습니다.

그렇게 며칠을 보냈는지 모르겠습니다. 바깥 세계와 완전히 격리된 세계에 머물면서 가출하기 전의 흉측한 기억이 천천히 정화되어 간 것일까요. 혹은 어둠 속에서 읽은 책에 있던, 내가 예전에 알던 어른들과는 완전히 다른 말을 하는 작가와 예술가와 학자의 말이 마음에 스며든 것일까요. 어느 순간 문득 머릿속이 가벼워진 느낌이 들었습니다. 신기하게도 마음이 맑아졌습니다. 그러자 이런 생각이 들었습니다.

'나 자신을 위해서 마음대로 살아도 된다.'

흥미를 느끼는 것만 공부하면 된다. 학교에서 배운 방법에 얽매이지 않아도 된다. 주위와 비교하고 경쟁하면서 애쓰는 자극도 필요 없다. 성적을 올리거나 대학 입시 준비 같은 목적이 없어도 된다. 그저 하고 싶은 것을 하고 싶은 방법으로 하면 된다. 마음을 채워 갈 목적으로 마음껏 배우면 된다······.

저는 책 읽기를 좋아했습니다. 역사, 문학, 과학 등 종류를 가리지 않고 읽었지요. 제한된 일상을 넘어 다양하게 펼쳐진 학문의 세계와 제 마음이 연결되는 느낌이었습니다. '읽고 싶은 책부터 읽어 나가면 된다. 꼭 어딘가에 도달하지 않아도 된다. 배움 자체가 즐거우면 충분하다'는 생각을 품고 자전거로 멀리까지 나가서 시립 도서관에 가 보았습니다.

처음에 읽었던 책은 슐리만의 《고대에의 정열》이었습니다. 이어서 세계사, 철학, 우주론 등의 문고판이나 교양서적을 폭넓게 읽어 나갔습니다. 아무런 목표도 세우지 않고 그저 읽고 싶은 책을 손에 닿는 대로 읽었습니다. 그 무렵의 바깥 세계는 밝은 빛으로 가득 찬 것처럼 보였습니다. 혹시 그때 제 안에서 무언가가 끊어지는 순간이 오지 않았다면 어떻게 됐을지 모르겠습니다. 지금처럼 살아 있지 않을 수도 있다고 생각되기도 합니다.

장래의 목표를 정하고 대학에 가겠다는 결심은 조금 더 시간이 지난 후에 했습니다. 다만 결심을 했을 때는 상당한 학력이 밑거름처럼 쌓여 있었지요. 1년 정도 수험 공부를 하고 원하는 대학으로 가게 되었습니다.

제가 요행을 얻었던 이유는 갑자기 '마음이 가벼워진 순간'이 있었기 때문입니다. 불교적으로 표현하자면 '집착을 내려놓는 일'에 성공한 것입니다.

내려놓는 순간
길이 열립니다

저의 경험담을 왜 이야기했는지 궁금하신가요? 저의 이야기를 통해 '내려놓음'의 가능성을 강한 확신 아래 전달할 수 있기 때문입니다.

사람은 제한된 목적에 매달리는 법입니다. 세상이 준비한 '손에 넣으면 행복해진다'는 기호를 얻으려고 발버둥 치지요. 혹은 과거에 대한 후회나 미련, 누군가를 향한 증오나 원한을 떠안고 한 발짝도 밖으로 나가려 하지 않습니다. 이것이 바로

'집착'입니다.

이번 장에서 소개했던 몇 가지 착각들은 잘못된 대상에 집착해서 생겨나는 것들입니다. 집착을 내려놓는 순간부터 원하는 것이 진정으로 이루어집니다.

집착을 스스로 알아차리기는 어렵습니다. 인생을 살아가던 중에 '뭔가 이상하다', '일이 잘 안 풀린다'고 느껴진다면 지금 가지고 있는 사고방식을 아예 놓아 버리라는 신호일지도 모릅니다. 하나의 사고방식을 놓아 버린다고 해서 인생이 끝나지는 않습니다. 오히려 그때부터 새로운 삶이 시작되며, 스스로를 새롭게 바꿀 수도 있는 것입니다.

새로운 삶을 시작할 때 어디로 향해 가야 하는지를 제시하기 위해 '이질적인 동기 부여'를 소개했습니다. 자애, 공헌, 집중 모두 붓다의 가르침이 지닌 본질에서 온 것들입니다.

의욕이나 승리는 중요하지 않습니다. 어떤 일을 하는 동안에는 공헌하는 마음가짐으로 임하고, 관계 맺음의 기쁨을 잊지 마십시오. 과정에 집중하는 일 자체를 즐기십시오. 이와 같은 경지에 이른다면 더 이상 잡념은 없습니다.

무얼 하든, 어떤 상황에 처하든 행복해질 수 있다는 사고법에 따라 사는 것이 붓다의 가르침에 기초한 삶의 방식입니다.

인생은 당신의 생각 이상으로 풍요롭습니다.

제7장

유형별 잡념 해소법
셋,
성격 바꾸기

성격은 정말로
바뀌지 않을까요?

이번 장에서는 '성격'을 주제로 유형별 잡념 해소 법을 다뤄 보겠습니다. 성격은 사람이 뭔가를 느끼고 생각하는 방식, 행동에 나타나는 마음의 경향을 뜻합니다. 마음을 반응으로 파악하는 붓다의 사고법으로 생각하면 성격은 '반응이 정착된 틀이자 패턴'이라고 정의할 수 있지요.

성격도 잡념을 만드는 원인입니다. 화를 잘 내는 성격, 자주 우울해하는 성격, 걱정이 많은 성격, 허세를 부리는 성격, 자존심이 강한 성격, 나약한 성격, 지기 싫어하는 성격, 낙천적인 성격, 후회를 많이 하는 성격 등 잡념을 유발하는 성격의 종류는 정말 많습니다. 성격을 바꾸기만 한다면 마음속에 있는 잡념을 전부 없앨 수 있지요. 이번 장에서는 성격을 바꾸는 작업을 함께해 보고 싶습니다.

'유전'이라서
바뀌지 않는다고요?

'사람의 성격은 어차피 바뀌지 않는다'는 말은 사실일까요? 지능이나 성격은 유전으로 정해져 있어서 노력해도 크게 변하지는 않는다고들 흔히 말합니다. 성격 개선에 관련된 세미나에 참석하거나 자기 계발 책을 아무리 읽어 봤자 바뀌지 않는다고 생각하지요.

어느 정도 선천적으로 정해진 부분도 있습니다. DNA를 해독하면 대강의 수명, 개인적인 취향, 걸리기 쉬운 질병까지 판명된다고도 하니까요. 그러나 몸과 마음이 부분적으로는 정해져 있다고 할지라도, 성격의 모든 부분이 유전으로 이미 결정돼 있다는 결론은 바른 사고라고 보기 어렵습니다.

언제부터 지금의 성격을 가지게 됐는지 냉정하게 생각해 봅시다. 뭐든지 삐딱하게 보는 냉소적인 성격이나 감정적으로 울컥하는 성격을 가진 사람이 태어날 때부터 그랬을까요? 극단적으로 자신감이 없어서 작은 실패에도 주저앉고 마는 사람은 갓 태어난 아기였을 때부터 풀이 죽어 있었을까요?

언제부터 성격이 형성되었을까 되짚어 나가다 보면 상당 부분이 인생의 어떤 시점에서부터 시작됐다는 사실을 알게 됩니다. 그런 후천적인 부분까지 '유전이니까 바뀌지 않는다'고 판단할 필요는 없는 것입니다.

우리의 성격을 이루고
있는 것의 정체

성격은 반응에 의해 만들어집니다. '이런 상황에서는 이렇게 반응한다'는 틀, 즉 정해진 패턴이 표정, 말, 행동이 되어 드러나는 부분을 성격이라고 일컫지요.

앞서 말했듯 반응은 마음의 성질에 따라서 자극을 받아 생겨나고 반드시 소멸합니다. 그렇다면 '반응의 패턴'에 불과한 성격도 이론상으로는 '반드시 바꿀 수 있다'고 봐야 합니다.

사람은 왜 같은 반응을 반복할까요? 불교에서는 집착이 있기 때문이라고 생각합니다. 매달리고, 포기하지 못하고, 지난날을 되돌아보며 과거의 기억에 같은 반응을 반복합니다. 그래서 성격도 바꾸지 못한다고 생각합니다. 집착만 내려놓으면 반응은 사라집니다. 그러면 반응이 만들어 낸 성격도 바뀌어 갑니다. 이것이 마음의 성질에 기초한 바른 이해입니다.

성격은 완고하지 않습니다. 성격은 연령대, 가정 환경, 어울리는 사람에 따라 크게 변화합니다. 제 성격도 변하지 않는 부분이 물론 있지만, 살아오면서 아예 뒤바뀐 부분도 있습니다. 10대 시절부터 지금까지를 되돌아보면 다른 사람처럼 여겨질 만큼 바뀐 부분이 분명 있습니다. 성격은 바뀌지 않는다는 생각은 일면적인 이해입니다. 게다가 플러스가 결여되어 아무런 가능성도 보이지 않는 사고법이지요.

'바꾸고 싶은 마음'이 중요합니다

중요한 문제는 우리의 삶을 개선시킬 방법을 모색하는 것입니다. 이 문제에 답을 내기 위해서는 개선하고 변화시킬 수 있는 마음의 부분에 초점을 맞춰야 합니다.

반응을 바꿀 수 있으면 성격도 바꿀 수 있다.
바꿀 수 있는 부분을 바꾸려고 노력하면 된다.

붓다는 이 점에 대해 뭐라고 얘기했을까요? 사람의 성격, 사람이 처하는 경우 등은 무엇에 의해 결정되는지 누군가가 붓다에게 질문했던 적이 있습니다.

당시 인도에서는 '업業'이 사람의 운명을 결정짓는다는 신앙이 지배적이었습니다. 사람의 운명은 전생의 업에 의해 결정되며, 업을 짊어지고 다시 태어난다고 믿었습니다. 전통 불교에서는 '윤회전생輪廻轉生'이라 하지요. 운명을 바꾸고 싶다면 지금의 인생을 견디고 덕을 쌓아서 좋은 내세에 태어나길 기대해야 한다는 발상입니다. 남아시아의 국가들이 믿는 불교도 같은 발상을 따르고 있습니다.

질문에 대한 붓다의 대답은 명쾌했습니다.

"길을 걷는 자여, 업은 의지意志이다."

《앙굿따라 니까야》

붓다의 가르침 중에 '숙명', '신의 뜻', '유전자'와 같은 결정론은 존재하지 않습니다. '한 번뿐인 인생에서 이뤄야 할 일과 할 수 있는 일에 전념하라'가 근본적인 메시지이지요.

'전생의 업'이나 '신의 뜻'과 같은 신앙이 지배적이었던 당시 인도 사회에서 붓다의 메시지는 혁신적인 광채를 발했습니다. 붓다의 메시지는 누구에게나 열린 가르침이자 마음의 번뇌를 정화하는 합리적인 방법입니다. 붓다의 가르침은 한없이 자유롭고, 가르침에 따르면 인생을 개선할 가능성이 넘쳐 나지요. 불자인 저로서는 붓다의 참신한 발상이 더 정확히 평가되어야 한다고 생각합니다.

이제 본론으로 들어가 '성격을 바꾸는 방법'에 대해 알아봅시다. 골치 아픈 성격에 관한 예를 몇 가지 들어 보겠습니다. 당신의 성격과 겹치는 부분도 있고, 아닌 부분도 있을 것입니다. 함께 문제를 생각하고 성격을 바꾸는 방법의 요점도 터득하길 바랍니다. 잘만 활용하면 당신의 성격을 개선하는 데 반드시 도움이 되리라고 믿습니다.

어디서 잃어버렸는지
모를 자신감, 되찾고 싶나요?

구직 중인 어떤 여성이 제게 상담을 해 왔습니다. 여성은 자신감이 있었으면 스스로를 더욱 잘 어필했을 거라는 말을 했습니다. 이미 사회에 나가 일을 하면서도 '자신감을 갖고 싶다'고 느끼는 사람들이 많습니다. 어떤 사람은 자신감이 너무 없다면서 심경을 털어놓았습니다. 평소에 다음과 같은 돌고 도는 사고에 빠지고 만다고 했지요.

'매번 무슨 일이 생기면 자신을 탓하면서 자학하기 시작한다. 다른 사람들도 똑같이 생각하는 게 분명하다고 믿는다. 과거에 있었던 일을 떠올리면서 자기 생각을 뒷받침할 증거를 찾는다. 일을 그만둬야 할지 자주 고민한다. 누가 연락이 뜸하면 자기가 싫어진 탓이라고 생각한다. 남에게 칭찬을 받으면 전력을 다해 부정하려 든다. 차분하질 못해서 걸핏하면 자잘한 실수를 한다. 실수를 감추려고 거짓말을 하고서는 혹시 들통나지는 않을까 벌벌 떤다.'

자신감이 너무 없는 그의 주위에는 어떤 이들이 있을까요? 걱정하는 대로라면 다들 못된 심보에 공격적인 사람밖에 없을 것 같지만 실상은 그렇지 않습니다. 그가 다니는 직장 동료들은 저도 알고 지내는 사이입니다. 다들 호의적이며 친절하고, 그를 격려해 주고 있습니다. 그만 혼자 '어차피 나 같은 건 쓸모없다'며 자신에게 화살을 겨누고 있는 것이지요.

이런 사태에서 벗어나려면 어떻게 해야 할까요? 이미 많은 힌트가 책 안에 숨겨져 있습니다. '사실을 바르게 이해하고', '착각을 바로잡으면' 됩니다. 자신감이 없어 두려워하던 사람이 사실을 바르게 이해하면 다음과 같은 말을 할 것입니다.

"나를 가장 낮게 평가하는 사람은 나 자신이다."
"다른 사람들은 내가 형편없다고 생각하지 않는다."

자신의 착각과 현실이 다르다는 사실을 깨달아야 합니다. 여기에 조금 더 감정을 실으면 다음처럼 말할 수도 있습니다.

"도대체 언제까지 자신감 없이 비참한 사람으로 살 셈이지?"

"이런 초라한 착각은 아무런 도움이 안 돼!"

지금이 바로
착각의 어항 속에서 나올 때입니다

'자신감이 없다'는 착각은 당신에게 아무런 도움이 되지 않습니다. 이참에 붓다의 사고법으로 그 착각을 시원하게 잘라 내면 어떨까요?

자신감이 없다는 생각의 정체는 무엇일까요? 자신의 능력이 모자란다는 '잘못된 판단'에서 비롯된 착각입니다. 여기서 진지하게 생각해야 할 점이 있습니다. 그 판단은 '유쾌인가 불쾌인가'를 따졌을 때 어느 쪽에 속하나요? '플러스인가 마이너스인가'를 따지면 어느 쪽인가요?

답은 명확합니다. '불쾌하면서 마이너스'인 판단에는 아무런 의미가 없습니다. 그렇다면 왜 의미 없는 판단인데도 불구하고 거기서 빠져나오지 못하는 걸까요? 판단(착각)이라는 '마음의 장치' 때문입니다. 예를 들어 설명해 보겠습니다.

자신이 어항 속 금붕어라고 상상해 보세요. 당신은 어항의 물을 통해서만 세상을 볼 수 있습니다. 어항 안에는 당신이 만들어 낸 잡념이라는 똥이 가득 떠다닙니다. 끊어지지 않고 엉덩이에 붙은 똥도 있지요. 당신은 어항 속 세상밖에 보지 못하므로 세상은 원래 그렇다고 착각하고 있습니다.

잡념에 물든 마음은 이와 전혀 다를 바 없습니다. 우리는 '잡념이라는 똥을 통해 보이는 세상이 진짜 세상'이라고 착각하고 있습니다. 처음부터 그 세상밖에 본 적이 없어서 잡념을 통해 보고 있다는 자각조차 없지요. 자신감이 없다는 착각이 똥들 중 하나라고 생각하길 바랍니다. 스스로 능력이 모자란다고 착각하면, 주위 사람들도 모두 당신을 능력이 모자란다고 생각하고 있는 것처럼 보이게 됩니다.

마음은 착각을 통하지 않고는 세상을 보지 못하는 성질을 갖고 있습니다. '마음의 장치'는 우리가 착각하는 대로 세상을 보도록 설계돼 있지요. 그렇다면 이 장치를 반대로 이용해서 다음과 같은 사고를 해보면 어떨까요?

다른 사람이 나를 어떻게 생각할지는 내가 나를 어떻게 생각하느냐에 달렸다.

타인이 나를 보는 눈을 바꾸고 싶다면 스스로 자신을 바라보는 눈을 바꾸기만 하면 됩니다.

의외로 쉽게
바로잡을 수 있는 착각

머리로는 이해했지만 어떻게 바로잡아야 할지 갈피를 못 잡고 있나요? 우선은 지식을 쌓는다는 느낌으로 붓다의 사고법에 대한 설명을 읽어 주길 바랍니다.

판단(착각)에는 실체가 없습니다. 수행에 관한 이야기를 예로 들어 보겠습니다. 수행을 하다 보면 모든 판단이 무너져 내리는 시기가 있습니다. 그때는 벽을 봐도 벽이라고 판단하지 못합니다. 바깥 경치를 봐도 '이것은 식물'이며 '이것은 하늘'이라고 식별할 수 없지요. 자신이 무엇을 보고 있는지, 어디에 있는지조차 모르게 되는 것입니다.

우리는 판단에 상당한 영향력이 있는 것처럼 여깁니다. 사실 판단은 그때그때 받는 자극에 반응해서 만들어진 산물일 뿐이며, 지극히 엉성한 사고의 한 종류에 불과합니다. 착각 또한 반응에 의해 만들어졌으며 상황에 따라 변한다는 진실을 꼭 기억해 두길 바랍니다.

'판단은 그저 판단에 지나지 않다. 착각도 결국은 반응의 한 종류에 지나지 않다'는 것을 명확하게 자각해야 합니다. 그것이 자신감이 없는 심리에서 벗어나기 위한 발판이니까요.

있는 그대로 평가하고
받아들이세요

다음으로 할 작업은 '사실을 확인하는' 작업입니다. 잡념을 버리는 작업처럼 어떤 일을 할 때마다 소리 내어 말함으로써 확인하는 것이지요. "일어났다", "밥을 먹었다", "옷을 갈아입었다", "전철에 탔다"처럼 말하는 방식입니다.

같은 작업을 지금까지의 인생에도 적용해 봅시다. 지금까지 해온 사실을 객관적으로 확인하는 것입니다. 몇 살에 어디서 무엇을 했는지, 나만의 이력서를 만든다는 마음가짐으로 과거의 사실을 늘어놓습니다. 거기에 '이런 일을 이루었다'는 적극적인 평가를 덧붙입니다. '과거에 나는 이런 일을 했고 그 사실은 굉장하다'고 스스로 칭찬하는 것이지요.

자신감이 없는 사람에겐 자기가 한 일을 평가하는 일이 무척 어려우니 제삼자인 제가 대신 평가해 보도록 하지요.

- 지금까지 성실히 살아온 당신은 굉장하다.
- 매일 끼니를 챙겨 먹고 생활하는 당신은 굉장하다.
- 매일 출근해서 일을 하고 새로운 가치를 창출해서 공헌하는 대가로 돈을 받는 당신은 굉장하다.
- 부모로서 자식을 키우고 하루도 거르지 않고 돌보는 당신은 굉장하다.

지금 열거한 사실이 모두 당신이 이룬 일입니다. 굉장하지 않나요? '이 정도 일은 당연하다'고 생각하는 사람도 많을 테지만 이는 전혀 '당연'하지 않습니다. '살아 있다'는 사실 하나만으로도 셀 수 없이 많은 관계가 생겨나고 새로운 현상이 생겨나니까요.

우리 인생에서 일어나는 수많은 일을 '당연하다'거나 '대수롭지 않다'고 생각하는지, '굉장하다'고 순순히 인정하는지에 따라 잡념이 쌓인 정도를 짐작할 수 있습니다. 만약 지금까지 살아온 사실을 잡념 없는 마음으로 돌이켜볼 수 있다면, 그리 어렵지 않게 '아주 잘해 왔다'고 생각할 것이기 때문입니다.

조금 전에 제가 대신 했던 평가는 앞서 등장했던 무척이나 자신감이 없는 사람에게 직접 들려줬던 말입니다. 그는 실제로는 일을 아주 잘하는 사람이고 자녀도 있습니다. '자신감이 없다'는 판단을 짊어지고 괴로워해야 하는 이유가 객관적으로 봤을 때 전혀 없는 사람이지요. 그런데도 자신감이 너무 없는 나머지 자신의 발밑을 파헤쳐 넘어뜨리고 있는 것입니다. 자신감이 없다는 착각은 얼마나 의미 없고 안타까운 잡념인지 모릅니다.

당신이 지금까지 행한 사실을 있는 그대로 평가하세요. 사람은 스스로를 지나치게 과소평가합니다. 인생에서 일어난 일들을 되돌아보는 것만으로도 굉장한 부분이 아주 많이 발견됩니다. 극단적으로 말하자면 지금까지 호흡한 숫자를 계산하기만 해도 '아주 열심히 살아왔다'고 할 수 있는 것이지요.

'별거 아니에요' 라는 말을 금지어로 삼읍시다. 자신을 부정하는 판단은 생물에게는 필요 없으니까요.

부정과 판단,
이제 멀리 던져 버리세요

자신감이 없다는 부정적인 판단에서 벗어나려면 우선 '어차피 판단에 지나지 않는다'는 사실을 자각해야 합니다. 그리고 매일 자신이 행하는 사실을 확인하고 '있는 그대로 평가'하도록 노력해야 합니다. 그 과정에서 '부정적인 판단을 하지 않는 것'이 중요합니다. '이 정도밖에 못 하나', '대수롭지 않네' 등 자신을 부정하는 말을 하지 말아야(해석하지 말아야) 하지요.

사람들은 늦잠을 자고 말았을 때 부정적인 판단을 가장 많이 합니다. 수험생이 늦잠을 잤거나, 직장인이 회사에 지각한 경우를 상상해 봅시다. 대부분의 사람들은 "난 틀렸어, 이런 짓을 하니까 언제까지고……(투덜투덜)" 하고 자기혐오와 후회에 빠집니다. 그럴수록 앞서 배운 '플러스인지 마이너스인지' 분류하는 법을 활용합시다. 결론은 말할 필요도 없습니다.

'아차' 싶을 때야말로 절대 판단하지 않도록 합니다. 지난 시간은 돌아오지 않습니다. '앞으로의 시간을 어디에 쓸까', '지금 어떻게 반응할까' 하는 점이 가장 중요합니다. '어떤 상황에서도 나 자신을 탓하지 않는다'를 철칙으로 삼고 자신감 상실의 '연쇄 반응'에 브레이크를 겁시다.

'생각 많은 완벽주의자 =당신'이라면

판단과 착각의 레벨을 나누어 성격 바꾸기

어떤 문제에 직면하면 해결할 방법이 필요해집니다. 방법을 알고 나면 실천에 옮겨야 하지요. 방법이 바르다면 계속 실천함으로써 일정 성과를 낼 수 있습니다(바른 노력).

성격처럼 까다로운 난제도 바른 방법만 사용한다면 얼마든지 바꿀 수 있습니다. 바꾼다는 뜻에는 버리기, 뒤집어엎기, 개선도 포함됩니다. 이번 장에서는 붓다의 가르침을 바탕으로 '성격을 조절'하는 조금 독특한 방법을 살펴보도록 합시다.

'완벽주의' 성격을 가진 사람이 있다고 가정해 보겠습니다. '바깥일과 집안일 모두 완벽하게 해야 한다', '더 많은 일을 높은 수준으로 처리해 보여야 한다'는 착각을 가진 사람이지요.

그 뿌리에는 아마 자신의 가치를 인정받고 싶은 강렬한 인정욕이 있을 것입니다. 완벽주의 성격을 조절하고자 한다면 다음과 같이 생각해야 합니다.

우선 '성격은 하나의 판단'이라는 사실을 분명하게 알아차립니다. 착각은 반응의 한 종류일 뿐이라고 자각하는 것이지요. 자기의 가치를 인정받고자 하는 인정욕과 '인정받으려면 이만큼 해야 한다'는 판단이 존재한다는 것도 자각합니다.

인정욕과 판단을 분명하게 나눠서 생각하는 것이 핵심입니다. 문제는 인정욕이 아니라(욕구는 자연스럽게 존재합니다), 후자인 '이만큼 해야 한다'는 판단(착각)입니다. 지금부터 판단을 조절하는 법을 설명하겠습니다.

'이만큼 하지 않으면 성에 차지 않는다'는 판단의 최고 레벨을 '10'으로 설정합시다. '이만큼 하지 않으면 성에 차지 않는다'는 평상시의 착각을 '레벨화'시켜서 '10레벨까지 하지 않으면 성에 차지 않는다'는 생각으로 바꾸는 것입니다. 평소에 스스로를 몰아세우는 판단과, 마음의 여유가 없어지고 주위 사람들에게도 폐를 끼치고 마는 착각의 강도를 '1부터 10까지의 레벨'로 조정한다는 개념입니다. 레벨을 설정하고 나면 다음과 같이 알아차립시다.

'10의 레벨은 나의 착각 정도를 의미한다. 이만큼 하지 않

아도 충분히 인정받는다.'

'이렇게 착각해서 남에게 폐를 끼쳐 봤자(나를 괴롭혀 봤자) 아무 의미도 없다.'

이제 레벨을 의식적으로 내리는 작업을 통해 알아차린 판단을 전환해야 합니다.

'10레벨까지는 필요 없으니 지금은 7레벨 정도로 해보자.'
'이번에는 5레벨로 해도 괜찮다.'

7레벨과 5레벨이라는 기준을 마음에 두고 지키도록 노력해 보세요. 자기 안에 있는 요구의 수준을 의식적으로 낮추는 것입니다. 레벨을 낮추는 방법은 '신경질적인 사람'에게도 적용됩니다. 자신의 까다로운 정도를 10레벨로 설정하고 의식적으로 레벨을 낮추는(안정을 취하는) 훈련을 해보길 바랍니다.

이제
자유로워질 수 있습니다

자리에서 일어나
하고 싶었던 일을 해 보세요

성격을 바꾸는 가장 간단한 방법인 '새로운 체험 하기'를 소개하겠습니다. 앞서 소개했던 방법은 판단(착각)이라는 낡은 반응을 새 반응으로 고쳐 쓰는 방법입니다. '자신감이 없다'는 반응에는 '이 정도로 대단한 일을 한 자신을 평가하는' 새로운 반응을 부딪치기를 반복하고, 그 반응을 습관으로 삼습니다. 레벨을 낮추는 방법도 '낡은 판단을 새 판단으로 조절'함으로써 보다 편한 반응에 익숙해지는 수법입니다. 낡은 반응이 더 이상 나오지 않고 자동적으로 새로운 반응이 나오면 성격은 확실하게 바뀌었다고 할 수 있습니다.

성격을 바꾸는 효과 만점인 방법인 마지막 한 가지는 바로

'체험'입니다. 체험은 불교적으로 표현하면 '사고'뿐 아니라 '감각'이나 '감정' 등의 마음의 기능을 최대한으로 사용하는 활동을 뜻합니다. 마음의 기능이라는 힘을 빌리면 성격을 효과적으로 변화시킬 수 있습니다.

실제로 사람은 새로운 체험을 통해 새롭게 반응하는 방법(타인이나 세상을 마주하는 방법)을 배워 갑니다. 요리를 만드는 법을 배우고 싶다고 가정합시다. 사람들은 책을 읽고 혼자 생각하기보다 직접 요리 교실에 다니는 쪽을 주로 선택합니다. 몸과 마음이 반응하는 새로운 방법은 생각하기만으로는 익히지 못한다는 점을 잘 알고 있기 때문이지요. 사고 이외의 부분인 몸의 움직임이나 감각을 활용해서 새로운 반응의 방법을 배우는 것입니다.

반응에 또 다른 반응을 부딪치거나 레벨을 낮추는 방법은 '사고'와 '판단'의 영역에서 '반응'을 새롭게 사용하는 수법입니다. 하지만 몸의 감각이나 감정을 최대한 활용해서 새로운 반응을 체험하는 것이 역시 가장 효과적이지요.

흐려지지 않은 달,
'새로운 나'를 만났습니다

저는 인도에서 '새로운 나'를 만들어 갔습니다. 인도에 가서 살다니, 전에는 상상조차 해 보지 못한 일이었지요. 제가 찾아간 동네는 지도에서 아주 작은 점으로밖에 보이지 않습니다. 그곳에 어떤 경치가 펼쳐져 있고 어떤 사람들이 살고 있는지 전혀 상상이 되지 않았지요. 저는 그 '점' 안으로 뛰어들어 스승을 만나서 출가를 했습니다.

어느 날 농촌 청년들에게 초대받아 마을 축제에 참여한 적이 있습니다. 일본인 스님이라는 사실만으로 대환영을 받았고, 아이들과 함께 크리켓을 하며 놀았습니다. 저녁 무렵 식사가 시작되고 저는 카레를 나눠 주는 역할을 맡았습니다. 마을 사람들은 모두 불가촉천민으로, 인도 사회에서 제일 낮은 계급을 지닌 사람들이었지요. 알다시피 인도에는 카스트라는 계급이 존재합니다. 그들은 카스트의 계급 안에도 들어가지 못하는 사람들이었습니다.

제가 할 수 있었던 일은 카레를 나눠 주는 것뿐이었습니다. 아이들과 미소를 나누면서 그들이 행복하게 살기를 기도했습니다. 그러자 태어나서 처음으로 깊은 평안이 북받쳐 올랐습니다. 마음속에는 오로지 자애를 베푼다는 생각밖에 없었습니다. 눈앞에 있는 사람의 행복을 비는 것에 집중하며 내가 할 수 있는 일을 하자는 마음뿐이지요. 그리고 '이런 마음가짐이라면 어떤 일이든 할 수 있고, 그로 인해 삶이 충만해지리라'는 확신을 가졌습니다. 일본의 어떤 곳에서도 찾지 못했던 마음가짐이었지요.

불전에서는 낡은 생각이 떨어져 나가는 것을 '낡은 허물을 벗어던진 뱀'이나 '흐려지지 않은 달'에 비유합니다. 우리의 마음에는 많은 판단과 착각이 있습니다. 만일 그런 것들이 자신에게 불쾌하면서 마이너스라고 생각된다면 전심을 다해 바꾸려고 노력해야 하지 않을까요?

지금까지는 아무리 해도 착각을 바꾸지 못했습니다. 착각 자체를 알아차리지 못했고, 바꿀 방법도 몰랐습니다. 이 책을 읽은 당신은 착각의 정체를 알고, 바꿀 방법도 알게 됐습니다. 남은 것은 실천뿐입니다. 방법을 알았다는 사실만으로도 마음이 맑아지지 않나요?

인생을 '행복해지는 방법'이라고 생각하면 새로운 길이 열립니다. '인생에서 일어나는 모든 일을 행복해지는 방법으로 활용하면 된다'고 생각하는 길이 열리는 것입니다. 그때 비로소 사람은 한없는 자유의 경지에 서게 됩니다.

제8장

유형별 잡념 해소법
넷,
과거와 미래를 활용하기

'나를 잊어줘', 과거를 극복하는 붓다의 지혜

지금까지 인간관계를 둘러싼 고민, 삶의 방식의 착각, 더 나아가 성격이 낳는 곤란한 사태를 해결하는 방법을 배웠습니다. 이제 과거와 미래에 관한 잡념을 해소하는 법만 남았습니다. 과거에 대한 후회, 미련, 나도 모르게 지난날을 되돌아보는 마음, 장래에 대한 불안과 두려움 등이 해당되지요. '시간을 뛰어넘어 존재하는 잡념'을 떨쳐 내 홀가분한 마음을 만들어 갑시다.

먼저 과거로부터 자유로워지는 사고법을 생각해 봅시다.

알 만한데 아무도 모르는
과거의 정체

저는 과거를 자꾸 되돌아보는 사람들을 자주 만납니다. 그때 이렇게 했으면 좋았을 거라는 후회나, 할 수만 있다면 다시 시작하고 싶다는 미련을 가진 사람들 말입니다. 그들은 과거가 지금의 생활과 인생을 결정해 버렸다고 믿습니다. 생각보다 그런 믿음을 가진 이들이 많지요.

일단 '과거란 무엇인가'에 대해 생각해 봅시다. 사례를 하나 소개하겠습니다. 어떤 노인은 가족에게 '나 홀로 타이타닉'이라는 별명으로 불립니다. 과거를 갑자기 회상하고는 '그때 부모님에게 이런 말을 들었다', '내 인생은 10대 때부터 망가졌다'며 지나간 일을 낱낱이 지적합니다. 지난 일들로 인해 지금 이런 인간이 되었다며 자학적인 미소도 짓습니다.

가족들은 노인이 과거에 대해 이야기하기 시작하면 하나둘 자리를 뜹니다. 마지막에는 아무도 남지 않지요. 노인은 그 광경을 보고 자신은 어차피 미움받는 존재라며 또다시 스스로를 지적합니다. 혼자 구덩이를 파고 안으로 들어가는 격입니다. 안됐지만 아무도 그를 끌어올릴 방도가 없습니다.

노인을 괴롭히는 것은 과거의 일이 아닙니다. 우주 끝까지 가더라도 지나간 일은 더 이상 존재하지 않습니다. 지금 노인의 마음에는 기억과 자학적인 반응이 있습니다. 즉, 과거는 실제로 일어난 '일'과 '기억'과 그 기억에 대한 '반응'으로 이루어져 있는 것입니다.

그중에서 노인을 괴롭히는 것은 기억이 아닙니다. 기억은 뇌에서 이뤄지는 생리 현상이며, 기억이 있어서 육체적으로 고통스럽지는 않습니다. 그렇다면 노인을 괴롭히는 건 남은 한 가지입니다. 노인 스스로의 반응이지요. 그는 기억에 대한 분노를 가지고 반응하면서 고통을 느끼고 있습니다. 이것이 괴로움의 실체입니다.

사람은 왜 후회하면서 고통받을까요? 생각대로 되지 않았던 기억에 분노를 느끼기 때문입니다. 사람은 왜 미련을 안고 괴로워할까요? 아직 남아 있는 욕구가 이루어지지 않아서 분노를 느끼기 때문입니다. 즉, 과거에 대해 분노로 반응하면 우리의 마음에 번뇌가 생겨나는 것이지요.

과거를 끊어 내기 위한
두 가지 열쇠

과거를 향한 분노를 끊어 내기 위해서는 어떻게 하면 좋을까요? '과거는 기억에 대한 반응'이라는 개념을 바탕으로 하면 방법은 두 가지가 있습니다.

한 가지는 기억을 놓아 버리는 것입니다. 과거의 일을 바꾸지는 못해도 기억 자체는 잊어버려서 초기화시킬 수 있습니다. 잊는 방법은 우리 모두 이미 알고 있습니다. '알아차리고 내려놓는' 방법이지요. "이건 기억에 지나지 않는다"라고 소리 내어 말함으로써 알아차립니다. '기억이란 생리 현상에 지나지 않다'는 사실을 분명하게 자각합니다. 제대로 실천한다면 기억은 차차 약해져 갑니다.

다른 한 가지는 기억에 반응하지 않고, 해석하지 않는 것입니다. 뇌에서 일어나는 생리 현상에 지나지 않는 기억에 부정적으로 반응(해석)하니까 분노가 끓어오르기 마련입니다. 기억은 그저 떠오르는 대로 두고 반응하지 않는 것이 가장 이상적입니다.

그래도 자꾸 반응하게 되면 기억에 본인이 어떻게 반응하고 있는지를 객관적으로 찬찬히 관찰하도록 합시다. 되도록 자신에게 친절해졌으면 합니다. 당신이 어떤 일을 생각하며 한숨을 쉬었다면 '어두운 반응을 보였다'는 점, '아직 그 반응이 없어지지 않았다는 점' 등을 있는 그대로 알아차리도록 노력해야 합니다.

다음에는 반응이 플러스인지 마이너스인지 생각해 봅니다. '기분만 축 처지게 만들 뿐이고 마이너스'라고 생각된다면 반응을 내려놓는 작업에 돌입하세요. '더 이상 필요 없다'고 여기고 물리쳐 버리는 겁니다. "잊었다" 하고 소리 내서 중얼거리는 것도 한 방법이지요.

과거를 극복하는 방법은 2,500년 전에 붓다가 간결하게 설파했습니다.

"싫은 과거를 돌아보지 않으려면 떠올리지 말아야 한다.
혹여 떠오르더라도 반응하지 말아야 한다."

《맛지마 니까야》

'잊어 주지 않는 다른 사람'은
어떻게 하면 좋을까요?

과거의 기억과 반응은 자신의 노력에 따라 얼마든지 내려놓을 가능성이 있습니다. 그런데 자신의 노력만으로는 극복하기 어려운 과거도 있습니다. 바로 '다른 사람의 기억'입니다. 남들은 우리가 아무리 후회해도 과거에 저지른 죄, 남을 배신했던 일, 남에게 폐를 끼친 잘못 등을 잊어버리지 않습니다. 조금 무거운 주제지만 사람에 따라서는 절실하지요. 타인의 기억을 극복하는 방법을 여기서 함께 생각해 보고 싶습니다.

불전의 유명한 에피소드부터 살펴봅시다. 앙굴리말라라는 도적이 붓다와 만나 거듭난 이야기입니다.

당시의 강국 코살라에 앙굴리말라로 불리는 흉악한 도적이 있었습니다. 아무렇지 않게 사람을 죽이고 물건을 빼앗았고, 죽인 사람의 손가락을 잘라 목걸이 장식으로 썼지요.

어느 날 아침 탁발을 나선 붓다가 앙굴리말라가 있는 곳을 지나가려 했습니다. 사람들은 그를 말렸습니다. 붓다는 언제나와 같이 침묵하며 태연히 걸어갔습니다. 붓다를 발견한 앙굴리말라는 그를 죽이려고 쫓아가기 시작했습니다. 하지만 아무리 전속력으로 달려도 붓다를 따라잡지 못했습니다. 앙굴리말라가 붓다에게 멈춰 서라고 외쳤습니다. 붓다는 자신은 이미 멈춰 서 있다며 앙굴리말라에게 멈추라고 했습니다. 어리둥절해진 앙굴리말라는 그게 무슨 뜻이냐고 되물었지요. 그렇게 길가에서 도적과 승려의 문답이 이루어지게 되었습니다.

이 일화는 후세에 전해지면서 여러 이야기로 갈라집니다. 불전에 원래 쓰여 있는 내용을 보면 앙굴리말라는 붓다와 대화하고 나서 깊은 감명을 받았습니다. 알굴리말라는 칼과 무기를 내던지며 제자가 되고 싶다고 엎드려 간청했습니다.

당시의 코살라 왕국은 도적 앙굴리말라를 붙잡아 처형할 속셈이었습니다. 국왕이 붓다를 만나러 갔다가 우연히 앙굴리말라가 자리에 있음을 알게 되었습니다. 순간 국왕조차 두려움으로 긴장했다고 합니다. 국왕이 본 앙굴리말라는 머리를 단정하게 깎고 옷을 단정히 입고 있었습니다. 평온하고 맑아

보이는 얼굴이었지요. 국왕은 크게 감동했습니다.

"얼마나 신기한 일인가. 흉악한 살인귀를 처벌하지도 죽이지도 않고 바로잡다니."

붓다 밑에서 수행을 시작한 앙굴리말라는 탁발 중에 난산에 시달리는 여인을 목격합니다. 여인을 불쌍히 여겨 붓다에게 보고하자 붓다는 말합니다.

"이렇게 말해 주어라. 나는 태어나서 지금까지 사람의 목숨을 빼앗은 적이 없다. 그 진실에 걸고 당신과 아기에게 행복이 깃들기를 바란다고."

'그 진실에 걸고'라는 말의 뜻은 효과를 약속하는 근거와도 같습니다. 현대의 감각으로 해석하자면 '내가 이렇게 노력한만큼 당신에게도 좋은 일이 있을 것이다'라는 격려이지요.

다만 앙굴리말라는 과거에 저지른 죄를 잊지 않았습니다. 그는 그런 거짓말은 할 수 없다고 붓다에게 말했습니다. 붓다가 다시 대답했습니다.

"출가해서 다시 태어난 이래로는 진실이다."

'출가해서 다시 태어난 이래'라는 발상이 바로 붓다의 사고법입니다. 앙굴리말라는 붓다와의 만남을 통해 다시 태어났고, 이후로는 죄를 짓지 않았습니다. 그럼 당당하게 새로운 삶을 살면 된다는 것이지요.

앙굴리말라는 붓다가 넓은 마음으로 받아들여 주어서 새

로운 길을 걸었습니다. 물론 거리로 나가면 사람들에게 여전히 악당 취급을 당하거나 학대를 받는 경우도 있었습니다. 그럼에도 앙굴리말라는 마음이 흔들리는 법 없이 견뎌 내었습니다. 과거의 행함에 대한 응보는 달게 받겠지만, 그로 인해 마음이 소란스러워지지는 않으리라고 굳게 각오한 것입니다.

"과거의 행함을 후회하지 않고 오히려 응보를 받아들인다면 그 행함은 선善으로 이어진다."

《담마파다》

이 일화를 통해 배울 붓다의 사고법은 다음과 같습니다.

과거를 극복하고 싶으면 새로운 사람과의 관계를 시작해라.
누가 무엇을 기억하고 있든 타인의 기억에 반응하지 말라.

지금 당장
다시 태어날 수 있습니다

승려인 저는 다양한 사람들을 만납니다. 세간의 잣대로는 말 못 할 사연이 있는 사람들과도 만나지요. 저는 그런 것으로 사람을 판단하지 않습니다. 상대방의 과거, 일상생활, 마음가짐에 대해서도 전혀 묻지 않습니다. 제가 알 필요는 없습니다. 필요가 없으면 이름조차 묻지 않습니다. 불자로서 오로지 관심 있는 부분은 '이 사람의 행복에 도움이 되는 것은 무엇일까' 하는 점입니다. 그래서 '상대방을 있는 그대로 이해' 하려고만 합니다.

정보를 알아야만 어떤 사람을 이해하는 것이 아닙니다. 무엇을 이야기하는지, 어떤 표정이나 행동을 하는지 그대로 보기만 하면 됩니다. 이야기하기 싫으면 하지 않아도 되고, 하고 싶은 말은 무엇이든 합니다. 저는 누군가와 만나면 그 자리에서 어떻게 관계를 이어 나갈지에 대해서만 생각합니다. 여기에는 관계를 구축하는 방식은 상대방이 정해도 상관없다는 전제를 깔고 있습니다.

어떤 사람은 수년간 일한 직장에서 쫓겨난 후 주눅이 들어 몇 달을 방에 틀어박혀 있었다고 합니다. 누구와도 말을 하지 않았지요. 듣자 하니 그에게는 직업의 유무와 사회적 지위로 사람의 가치를 저울질하는 습관이 있었습니다. 가치 판단의 잣대를 일자리를 잃은 자신에게 돌리고는 창피해서 친구들에게도 연락하지 못했다고 합니다. 저는 그에게 말했습니다.

"승려는 '판단을 초월한 존재'입니다. 나와 함께 있을 때는 무엇 하나 창피하다고 생각할(판단할) 필요가 없습니다."

나중에 들었지만, 그날 밤 오랜만에 친구들에게 전화를 했다고 합니다. 친구들은 모두 그를 걱정하고 있었고요.

사람들이 서로 어울리면서 반드시 서로의 과거나 정보를 알 필요는 없습니다. 눈앞에 있는 사람과 '지금 이 순간 어떤 관계를 만들지'가 중요하지요. 이제는 어디에도 존재하지 않는 과거를 알려고 하거나, 그저 소리나 기호에 불과한 정보를 해석해서 이러저러하다고 판단하는 일은 무의미합니다. 지금 이곳에서의 관계를 만들어 가는 데는 어떠한 과거나 정보도 필요 없습니다. 그것이 붓다의 가르침 안에서 사는 자, 즉 불자의 방식입니다.

실패를 실패로 두지 않는
사고법

우주가 생긴 이래로
존재한 적 없던 '그것'

자신이 저지른 실패로 인해 언제까지고 끙끙 앓는 사람이 있습니다. 사람은 직장에서 일하면서도 실패하고, 결혼처럼 인생의 커다란 선택을 하면서도 실패합니다. 문제는 실패했을 때 마음을 어떻게 '전환'하느냐에 달려 있습니다. 실패를 극복하는 방법을 불교의 관점에서 정리해 봅시다.

실패란 무엇일까요? 바라는 결과를 얻지 못했음을 의미합니다. 그럼 왜 실패가 일을 크게 만들까요? 놓친 결과에 집착하기 때문입니다. 놓친 결과에 미련이 남아서 아직도 이루어지지 않은 현실에 분노를 느끼는 것이지요.

차분하게 생각해 봅시다. 분노는 참으로 기묘합니다. 기대했던 결과는 좀 과장해서 말하면 '우주가 생긴 이래로 존재한 적이 없는 것'입니다. 즉, 그 결과는 망상에 불과하지요. 결과라는 망상에 집착하다가 망상이 일어나지 않은 현실에 분노를 느끼는 모습은 냉정하게 생각하면 꽤 우스꽝스럽습니다.

우리는 커다란 '착각'을 하고 있습니다. 전혀 일어나지 않은 일을 꼭 일어난 것처럼 착각하고 있습니다. 착각에서 헤어 나오려면 다음과 같이 생각해야 합니다.

'처음부터 아무 일도 일어나지 않았다. 지금 일어나고 있는 일만이 현실이다.'

많은 사람들이 이 사고법을 온전히 이해하기에 어려움을 겪습니다. 주변 사람들에게 아무리 설명해도 실패는 실패일 뿐이라며 도무지 납득하지 못합니다. 제가 설명하고 싶은 바를 요약하면 다음과 같습니다.

'사실에 온전히 집중해서 망상을 전혀 하지 않으면 지금 여기 있는 현실이 전부가 됩니다. 그러면 혹시 있었을지도 모를 결과는 성립하지 않습니다. 따라서 놓친 결과란 없고, 과거의 실패도 존재하지 않습니다.'

역시 망상에서 완전하게 빠져나오지 않으면 이해하기 쉽지 않은 사고법입니다. 당신이 좀 더 쉽게 이해하도록 방법을 중시하는 사고법을 소개하겠습니다.

중요시하는 대상을
바꾸면 달라집니다

실패에 미련을 두는 이유는 놓친 결과를 '이룰 수 있었을지도 모른다'고 망상하고 집착하기 때문입니다. 과거로 되돌아가서 처음부터 다시 시작하지 못하는 이상 그런 사고는 쓸모없는 잡념입니다.

그렇다면 생각하는 법을 조절해 봅시다. 붓다의 사고법으로 생각하면 중요시해야 할 대상은 결과가 아니라 '방법'입니다. 어떤 결과든 바른 방법을 사용한 이후에 따라오기 마련인 것입니다.

붓다는 방법에 이상하리만치 집착했습니다. 청년 고타마는 자신의 공허함을 치유할 방법을 추구했고, 모든 것을 버리고 여행을 떠났습니다. 저명한 사상가들의 제자가 되어 후계자로서 기대를 받은 적도 있으나, 자신이 생각하기에 해답이 되지 않는다고 결론지으면 곧바로 다른 방법을 찾아보았습니다.

다음으로 전념했던 것은 6년간의 고행입니다. 등과 배의 가죽이 맞붙을 정도로 단식 수행을 했다고 전해지지요. 그래도 마음의 갈증은 치유되지 않았고, '이 방법은 바르지 못하다'고 깨닫게 되었습니다.

그때 수자타라는 소녀에게 우유죽을 받아먹고 체력을 회복했다는 일화는 유명합니다. 단식 수행을 하다가 음식을 먹는 것은 상당히 용기가 필요한 결단이었습니다. 당시에는 고행만이 깨달음으로 가는 유일한 길이라고 믿었으니까요. 청년 고타마가 한 일은 엄청나게 파렴치한 이탈 행위였습니다. 그것을 본 다섯 명의 수행 동료가 모두 고타마를 경멸하며 떠나갈 정도였습니다.

홀로 남겨진 고타마는 외로움에 빠지지 않았습니다. 그는 보리수 밑에 앉아 새로운 수행법을 시작했습니다. 그는 유년기에 우연히 고도의 집중과 평안이 지속되는 경지인 '선정禪定'을 맛본 경험이 있었습니다. 그때 썼던 독자적인 방법을 다시 시도한 것입니다. 대담하게 수행 방법을 전환함으로써 고타마는 깨달음을 얻어 붓다가 되었습니다.

문제를 하나 내겠습니다. 이 일화에 방법이라는 단어는 몇 번 등장했을까요? 정답은 6번입니다.

고타마는 오로지 '현실의 마음 갈증을 치유하는 방법'만을 추구했습니다. 그래서 바른 방법이 아니라고 느끼면 한 장소에 집착하지 않았습니다. 도중에 저지른 실패를 일일이 마음에 담고 한탄하지도 않았습니다. 남의 눈도 전혀 신경 쓰지 않았지요. 뭐가 어찌됐든 바라는 결과를 이루기 위한 방법을 찾는 일에 최선을 다하고, 방법에 집중하는 것을 계속했습니다. 아무런 타협도 하지 않았습니다. 정말 올곧은 삶의 방식이지 않나요?

어떤 일에도 실망할 일 없는 '초긍정적 사고'

고타마의 삶은 '철저하게 방법을 중시하는 사고법'을 가르쳐 줍니다. 실패를 한탄해 봤자 다른 방법을 떠올리지 못한다면 같은 실패를 반복할 뿐이지요. 또한 후회와 미련 때문에 웅크리고 있는 것은 분노라는 잡념에 지배당하는 것을 의미합니다. 우리는 그 악순환에서 빠져나와야 합니다.

이럴 때 방법을 중시하는 발상을 가지고 있으면 '앞으로 어떻게 해야 할지'를 생각하기만 하면 됩니다. 과거에 실패한 경험이 있다면 당시에 어떻게 해야 했는지에 대해 거듭해서 생각하기만 하면 되는 것이지요. 스스로 납득이 될 때까지 방법을 계속 생각해야 합니다.

'방법을 중시한다'는 말은 궁리하는 것을 의미하기도 합니다. 방법을 궁리한다는 뜻은 똑같은 성과를 내기 위해 다른 방법을 쓸 수는 없는지 생각해 보는 것입니다. 하나의 방법에 대해 결론이 나올 때까지 기한을 정하고 전력을 다해 행하는 것입니다.

버마에서 수행하던 시절, 저는 방법을 많이 궁리하고 실천했습니다. 버마에는 앉아서 하는 명상과 걸으면서 하는 명상을 한 시간씩 번갈아 가며 하는 도량이 많습니다. 물론 그 방법으로도 효과를 볼 수는 있지만, 저는 '의식을 한 점에 계속해서 집중하는' 붓다의 가르침이 지닌 본질적인 부분을 어떻게 통달할지를 진지하게 생각했습니다.

결과적으로 저는 '집중이 일정 수준에 도달할 때까지 앉아서 하는 명상(좌선)은 그만두고, 걸으면서 하는 명상을 계속하는 것이 좋겠다'고 판단했습니다(저의 판단을 존중받지 못해서 떠나게 된 도량도 있었습니다).

걸으면서 발의 감각에 의식을 집중하는 훈련을 두세 시간에 걸쳐 계속했습니다. 앉아서 눈을 감으면 잡념이나 졸음이 몰려오므로 걷는 동작을 먼저 사용해서 집중력을 높여 갔습니다. 성과는 확실히 있었습니다.

항상 '나에게 맞는 목적'을 명확하게 정하고 잊어버리면 안 됩니다. 그러기 위해서 '납득이 가는 방법'을 궁리하고 진지하게 행해야 합니다. 저는 그것이 붓다의 방식(바른 사고)이라고 이해했습니다.

방법에 기초한 발상을 하게 되면 실패를 저질러도 '옳지 않은 방법이었을 뿐'이라고 여기게 됩니다. 낙담이나 미련 같은 반응을 초월해서 다음에 시도할 방법을 생각하게 되지요. 사고의 속도가 빨라지고 성공할 가능성도 아주 높아집니다. 붓다의 사고법에 의하면 흔히 말하는 '긍정적 사고'란 '방법을 중시하는 사고'입니다.

지난 날 모두가,
우리들에겐 처음이었습니다

인생을 살다 보면 커다란 실패도 하곤 합니다. 어떤 여성은 젊어서 이혼을 했고, 아이는 아직 초등학생입니다. 어떻게 하면 과거를 극복할 수 있느냐고 제게 상담해 왔지요. 저는 여성에게 아래와 같이 말해 줬습니다.

그때는 그게 최선이라고 생각했을 것입니다. 상대방도 당신이 최고의 상대라고 믿고 인생의 중대한 결정을 했겠지요. 그와 함께 열심히 살아온 시간이 있고, 그 시간을 함께 보낸 것도 굉장하다고 생각합니다.

모든 것이 처음인 한 번뿐인 인생에서 왜 전부 최선의 답을 내놓아야만 할까요? 대부분의 미래가 예측한 대로 흘러가지 않는 게 인생입니다. 그때는 좋았을지 몰라도 나중에 돌이켜 보니 아니었던 경우는 종종 있습니다. 자신의 마음도, 남의 마음도, 주위를 둘러싼 상황도 끊임없이 변화하고 있기 때문입니다. 그렇다면 최초의 바람이 온전히 이루어질 일은 없습니다. 그것이 인생의 진짜 모습이 아닐까요?

만약 과거를 되돌아본다면 '그때 나는 어떻게 반응했어야 할까?'를 생각해야 합니다. 당신의 소망을 일방적으로 주장하지는 않았는지, 상대의 행복을 바라는 마음으로 마주하고 있었는지 생각해 봐야 합니다. 혹시 이렇게 반응했으면 좋았을 거란 생각이 드는 일이 있다면 다음번에 실천해 보면 어떨까요? 다음번에야말로 잘해 보겠다는 마음으로 새로운 관계를 만들어 가는 것입니다.

그런 생각이 든다면 헤어진 사람과도 다시 시작할 가능성이 생깁니다. 아니, 다시 시작한다기보다는 새로운 사람이 되어 새로운 관계를 만들어 갈 수 있다는 뜻입니다. 그러면 과거의 실패는 크든 작든 '앞으로 행복해지는 방법' 중의 하나가 됩니다. 어쩐지 인생이 밝게 열리는 기분이 들지 않나요?

좋은 미래를
맞이하는 방법

앞일을 너무 깊이 생각해서 마음이 차분해지지 않았던 적이 있나요? 좋지 않은 결과를 상상하거나, 이대로라면 실패한다고 스스로 결론을 냈던 적은요? 중요한 대목에서 뒷걸음질하거나, 장래에 어떻게 될지 불안한 막연한 감정에 휩싸인 적이 있습니까? 사람들은 흔히 앞일을 너무 깊이 생각해서 잡념을 쌓습니다. 이번 장에서는 미래를 받아들이는 법에 대해 함께 생각해 봅시다.

미래를 생각하는 것은 불교에서는 전부 '망상'에 해당됩니다. '생각해도 의미 없는 망상'과 '의미 있는 상상'은 어떻게 다를까요? 의미 있는 상상의 예를 들어 보면 다음과 같습니다.

• 확실하게 도래할 예정

- 일의 순서
- 현실로 일어나면 곤란한 리스크

'이렇게 되면 이렇게 움직인다(대처한다)'는 구체적인 상황과 판단까지 생각하는 상상이라면 의미가 있습니다. 의미 없는 망상은 '이런 상황에 이렇게 움직이겠다'는 판단이 없는 그냥 상상이라는 뜻입니다.

의미 없는 망상의 대표적인 예로 '앞으로 어떻게 될지 막연하게 불안한 마음'을 들 수 있습니다. 아직 아무 일도 벌어지지 않았습니다. 상황이 보이지 않아서 판단도 하지 못합니다. 그래서 불안이 찾아오는 것입니다.

물론 사람이라면 누구나 불안을 느낍니다. 불안은 우리의 마음을 뒤흔들고, 차분함을 빼앗고, 많은 고통을 강요하는 마물입니다. 망상이라고 알아차리고 내려놓는 일에 전력을 다해야 하는 이유이지요.

'불안'은 버리고
'리스크'는 생각하기

한 발 더 깊이 들어가서 버려야 할 '불안'과 생각해야 할 '리스크'의 차이를 알아봅시다. 이직이나 독립을 고려

하는 사람이 지금 일을 그만둬도 잘 풀릴지 몰라서 주저하고 있다고 가정해 보겠습니다. 먼저 잘 풀리지 않을 사태를 망상하고 불안을 느낄 뿐인지, 구체적인 리스크를 감안하고 있는지 자신에게 질문을 던져 봐야 합니다. 이것은 인생의 분기점에 서 있는 사람에게는 중요한 질문입니다.

붓다의 사고법을 활용하면 다음과 같은 두 가지 포인트를 알게 됩니다.

첫 번째 포인트는 하고 싶다는 욕구로부터 출발해 구체적으로 실현할 방법을 생각하는 것입니다. 앞서 언급했던 '단도직입적인 사고법'이며, 지금부터 할 일의 '시간'과 '내용'을 확실하게 파악하고 있느냐가 관건이지요. 즉, 스스로의 욕구(희망이나 목표)와 이를 이루기 위한 방법이 명확해야 합니다.

두 번째 포인트는 방법을 실행에 옮길 때 잃는 것, 즉 구체적인 리스크입니다. 방법을 실천하려면 당연히 지금 생활의 일부는 버려야 합니다. 당장 버려야 할 것은 무엇인지 추려 봅시다(시간, 인간관계, 자산 등). 실패하면 잃게 되는 것(돌이킬 수 없는 것)도 분명하게 생각해야 합니다.

정리하자면 행동에 옮겼을 때 즉시 잃는 것과 실패하면 잃는 것을 합쳐서 구체적인 리스크라고 합니다. 리스크를 짊어지고서라도 추구하고픈 것(욕구)이 있다면 주저하지 말고 방법을 제대로 검토해서 행동에 옮기기만 하면 됩니다.

두 가지 포인트에 포함되지 않는 미래의 상상은 모두 불안이라는 이름의 망상입니다.

기대하지 않으면
가뿐해집니다

앞서 꼽은 두 가지 포인트에 '행동했을 때 얻는 것(잘 풀리면 얻는 성과와 보수)'은 포함되지 않았습니다. 이유가 무엇일까요? 사람은 성과를 먼저 상상하기 마련입니다. 붓다의 사고법으로는 처음부터 성과에 관한 것을 사고에서 제외합니다. 이미 언급한 대로 '바라는 결과는 망상에 지나지 않기 때문'이지요.

실패했을 때의 리스크는 미리 염두에 둬야 하지만, 성공했을 때의 플러스는 굳이 생각하지 않습니다. 대신 의식을 다른 방향으로 돌립니다. 방법을 중시하고, 지금 해야 하는 작업에 집중하는 것이지요.

붓다의 사고법이 정착된 마음에는 앞일을 너무 깊이 생각해서 불안해지는 심리는 생겨나지 않습니다. 지금 할 수 있는 일, 해야만 하는 일이 무엇인지를 생각하고 최선을 다해 행할 뿐입니다.

'좋은 원인 만들기'를
즐겨 보세요

'원인'과 '조건'이 갖춰지면 그에 따른 '결과'가 반드시 나타납니다. 불교에서는 '원인과 결과의 법칙The Law of Cause and Effect'이라 하지요. 하나의 원인에서 반드시 하나의 결과가 나온다는 것은 '외부에서 작용하는 법칙'입니다. 우리가 속으로 결과를 아무리 망상한다 한들 법칙에 의해 도출될 결과를 바꾸지는 못합니다.

결과를 이것저것 망상하면 과정이 너무 더디게 느껴져서 초조해지거나, 이대로는 실패할 테니 노력해도 소용없다고 스스로 결론을 내는 등 제대로 된 생각을 하지 못합니다. 따라서 결과는 항상 내려놓아야 합니다. 지금 할 수 있는 일에 집중하고 나머지는 법칙에 맡깁니다. 결과를 내놓을 가능성을 가진 '좋은 원인 만들기'에 즐겁게 전념합니다. 이것이 붓다의 사고법의 진면목인 '바른 사고'에 기초한 삶의 방식입니다.

불안해질 때는
이렇게!

'해야 할 일을 중심으로 삼고 무엇을 할 수 있는지 생각하는 것'은 앞일을 너무 생각해서 실패하는 사태를 막는 가장 훌륭한 사고법입니다. 그래도 불안은 생길 수밖에 없는데, 그럴수록 제4장에서 다뤘던 '알아차리고 내려놓기', '전환하기', '사실로 돌아가기'와 같은 잡념을 버리는 방법을 활용하길 바랍니다. 특히 눈을 크게 부릅뜨고 지금 보이는 사실을 확인하는 습관을 들이면 불안을 능숙하게 없앨 수 있습니다.

"눈을 뜨고 있는 사람에게는 두려움이 없다."

《우다나바르가》

또 한 가지, "분명 잘될 거야", "어떻게든 되겠지", "방법만 생각하면 돼"와 같이 낙관적이고 긍정적인 말을 자주 하기를 추천합니다. 쓸데없는 잡념이 생겨나지 않을 정도로 힘 있게 말하는 것이 중요합니다. 말은 사고를 만드는 주성분입니다. 주문을 외듯 긍정적인 말을 읊조리기만 해도 사고가 상당히 달라집니다.

때로는 '반칙'도 괜찮습니다

아울러 약간 뜬금없지만 프로 레슬러였던 안토니오 이노키를 흉내 내서 "덤벼라, 이 자식아!" 하고 강하게 나가는 방법도 있습니다. 제가 10대 때 즐겨 쓰던 방식이었지요.

'직전直前 이노키'라고 이름 붙인 이 방법에 효과가 있는 그만한 이유가 있습니다. 사람은 자신감을 갖기 위해 근거를 필요로 하지만, 절대적인 근거를 찾기는 어렵습니다. 큰 승부를 앞둔 운동선수는 '충분히 연습했으니까 이길 거'라고 스스로에게 최면을 거는 경우가 많지요. 불안을 해소하기 위한 행동이겠지만, 그 생각 자체가 잡념이지는 않을까요? 승부에 정말 강한 사람, 즉 중요한 시합에 집중할 줄 아는 사람은 시합 직전에 과거를 돌아보지 않을 것입니다.

스스로를 어떤 식으로든 판단하지 않고(생각하지 않고) 마음을 비워 시합에 임하는 것이야말로 승부를 판가름할 기술이 아닐까요? 마음은 계속 흔들리는 법입니다. 기대나 생각이 강해질수록 나쁜 결말을 내다보고 불안을 느끼지요. 그럴 때 직전 이노키는 효과가 있습니다. 근거 없이 마음을 강하게 먹음으로써 절대로 흔들리지 않는 경지로 이끌어 가는 것입니다.

직전 이노키가 와 닿지 않는다면 '직전 강한 척'은 어떤가요? 일부러 강한 척해서 마음을 약하게 만드는 망상을 모조리 차단하는 방법입니다. 가장 중요한 시험이나 시합에서는 '직전 3일', 사활이 걸린 발표나 면접 등에서는 '직전 3시간', '직전 3초' 등으로 모든 판단을 접고 강하게 나가는 것입니다. 직전까지의 상황이 얼마나 시원찮았든 상관없습니다.

이 방법의 기본은 '자기 안에 있는 부정적인 판단을 극복하는 것'입니다. 직전 이노키는 붓다의 가르침에 의하면 반칙이어도 어느 정도는 유용합니다.

먼 곳을 바라보기보다
땅을 딛고 선 발끝에 집중하세요

미래라는 이름의 잡념을 해소하는 법을 정리해봅시다. 우리는 흔히 결과를 망상해서 사고의 실수를 저지릅니다. 불안이 적중하지는 않을까 두려워서 나쁜 쪽으로 생각하는 것도, 소원이 반드시 이뤄지리라고 결과에 집착하는 것도 망상에 지나지 않습니다.

이미 언급했다시피 망상만으로는 아무것도 일어나지 않기 때문에 현실은 '무無'의 상태입니다. 우리는 항상 우리가 바라는 방향으로 가기 위한 방법과 '지금 어떤 행동을 할까?(무엇을 할 수 있나?)'만을 생각해야 합니다. 좋은 미래가 오길 바라면서 살아가려면 앞일을 내다보지 않는 집중력이 필요합니다. 먼저 망상하지 말고 지금 해야 할 일을 마음을 다해 행하다 보면 바라는 결과가 눈앞에 와 있을 것입니다.

붓다의 '깨달음을 얻기 위한 수행법'은 앞일을 내다보지 말고 지금 이 순간에 집중하도록 스스로를 독려하는 것입니다.

깨달음이라는 성과에 집착해서 이것저것 상상하면 생각에 사로잡혀 아무것도 보지 못합니다. 잘못된 집착에 의해 마음의 성장이 멈춰 버리는 것이지요.

집착과 망상을 알아차리고 내려놓읍시다. 지금 마음에 일어나는 현상을 집중해서 바라보고, 원인이 정리되면 반드시 결과가 나온다는 법칙에 따라 마땅한 순간에 갑자기 어떤 경지에 들어가는 경험을 하도록 노력합시다.

우리가 중시해야 할 대상은 미래가 아니라 지금 해야 할 일입니다. 마음을 비우고 지금 이 순간에 집중하세요. 이런 마음가짐을 온전한 체험을 바탕으로 가르쳐 주는 것이 바로 붓다의 수행법입니다. 우리에게 찾아올 좋은 미래를 기대하며 이렇게 생각합시다.

'필 꽃은 스스로 피어난다. 마음을 다해 지금을 살자.'

내 마음,
마음대로 하기

무엇이든 극복하는
마음을 만드는 법

이 책을 읽으면서 머릿속에 쌓여 있던 잡념이 조금이라도 없어졌기를 바랍니다. 당신이 알아차린 대로 붓다의 사고법은 세간의 사고방식과 서로 다른 부분이 많습니다. 게다가 아주 엄밀하고 논리적이지요. 흔히 당연하게 여기는 것을 당연하게 여기지 않고 근본적인 부분에서 본질을 들춰내는 것이 '깨달은 자Buddha'의 사고법입니다.

여기까지 책을 읽고 '인생에는 다른 발상도 존재한다'는 생각을 하게 된 사람이 있다면 기쁠 것 같습니다. 인생은 원래 한없이 자유로운 것입니다.

이 책은 마음의 '반응'이 잡념을 만든다는 사실을 중점적으로 다뤘습니다. 반응이야말로 탐욕, 분노, 망상과 같은 마음의 독이며, 쓸데없는 감정이나 사고와 같은 잡념의 정체이지요.

우리는 앞으로 행복한 인생을 만들어 가기 위해 자신의 반응에 세심한 주의를 기울여야 합니다.

반응은 '지금 이 순간'에만 존재합니다. 좋은 반응은 좋은 결과를, 나쁜 반응은 나쁜 결과를 가져오지요. 아주 단순한 진리입니다. 지금 일어나는 일에 어떻게 합리적으로 반응하는가가 인생에 있어 가장 중요한 주제입니다. 행복해지고 싶다면 '행복을 기준으로 반응'하세요.

지금 여기에서
당신 마음의 축을 정하세요

인생의 열쇠가 반응에 있다면 반응의 기본 방침, 즉 '마음의 축'이 있으면 편리할 것입니다. 잡념이 늘어나거나 휘둘리지 않고 중요한 일에 똑바로 직면할 수 있기 때문입니다. 이 책의 내용을 토대로 '마음의 축'을 정해 보세요.

• 나는 행복을 향해 가겠다

이것은 절대로 빼놓을 수 없는 인생의 지향점입니다.

• 지금까지 살아왔음에 감사한다

여태까지 살아온 것 자체가 기적이 아닐까요? 우리는 모두 누군가가 열심히 살라고 응원해 줘서 지금껏 살아왔습니다. 한 생명은 다른 생명과의 인연(연결 고리)이 있기에 지속됩니다. 목숨이 붙어 있는 한 어떤 현실에 직면하더라도 자실을 부정할 이유는 없습니다. 우리를 살게 하는 인연에 감사하고 자신을 긍정하면서 삽시다.

• 무슨 일이든 바르게 이해하는 것부터 시작한다

'바른 이해'야말로 붓다의 사고법의 시발점이자 종착점입니다. 자신의 마음 상태, 해결해야 할 문제, 상대방의 반응을 바르게 이해하는 것만으로도 마음의 혼란이 해소됩니다. 그래야 어떻게 생각하고 행동할지 구체적으로 생각하는 단계로 넘어갈 수 있습니다.

• 잡념은 내려놓는다

잡념에 마음을 방해받지 않도록 노력합시다. '자각'하고, '분류'하고, 원인을 '알고', '버리고', '맺고 끊고', '바로잡고', '바꾸고', '잘 활용하는' 것으로 온 잡념을 내려놓을 수 있습니다.

• 집중하는 행위를 기쁨으로 삼는다

바른 목표를 달성하기 위해 바른 방법을 실천하는 데 집중합니다. 집중이야말로 최고의 쾌락이지요.

• 누군가에게 도움이 되는 것을 기쁨으로 삼는다

모든 생명은 다른 생명에게 도움이 됨으로써 살아갑니다. 누군가에게 공헌하고 좋은 영향을 주도록 노력하는 것이야말로 인생을 살면서 지향해야 할 행동입니다.

• 행복해지는 방법을 추구한다

결과가 아니라 방법을 중시해야 합니다. 방법은 사람마다 다르고 상황에 따라서도 달라집니다. 늘 궁리하고 모색해야 합니다. 궁리하는 과정은 자유롭고 창조적이며 즐겁습니다. 오늘 하루를 행복해지는 방법의 일부로 생각할 수 있다면 행복을 향한 자유로운 길이 단숨에 열릴 것입니다.

위의 7가지 생각을 다발로 묶어서 마음의 축으로 삼으세요. 인생에 이 축이 자리 잡히면 더 이상 헤매지 않아도 됩니다. 쓸데없는 잡념이 한없이 줄어들고, 자유롭게 탁 트인 마음의 경지가 열리며 삶이 허락되는 한 마음껏 살아 보자는 맑게 갠 마음이 되는 것이지요. 잡념 같은 번뇌 없이 행복해지는 길을 모두가 자유롭게 걸어가기를 바랍니다.

사실, 괜찮아지는 법을 알고 있습니다

초판 1쇄 인쇄 2018년 12월 21일
초판 1쇄 발행 2018년 12월 31일

지은이 구사나기 류슌
옮긴이 서가영

펴낸이 박세현
펴낸곳 팬덤북스

기획위원 김정대·김종선·김옥림
편집 이선희·조시연
디자인 심지유
마케팅 전창열

주소 (우)14557 경기도 부천시 부천로 198번길 18, 202동 1104호
전화 070-8821-4312 | **팩스** 02-6008-4318
이메일 fandombooks@naver.com
블로그 http://blog.naver.com/fandombooks

출판등록 2009년 7월 9일(제2018-000046호)

ISBN 979-11-6169-070-4 03320

이 책은 《단순하게 생각하는 연습》의 개정판입니다.